“十二五”国家重点图书出版规划项目

中国企业行为治理研究丛书

U1001279

管理测评卷

管理胜任能力的情景判断测量研究：理论与方法

金杨华 著

浙江工商大学出版社
ZHEJIANG GONGSHANG UNIVERSITY PRESS

图书在版编目(CIP)数据

管理胜任能力的情景判断测量研究：理论与方法 / 金杨华著 . — 杭州：浙江工商大学出版社，2019.11

ISBN 978-7-5178-2005-5

Ⅰ . ①管… Ⅱ . ①金… Ⅲ . ①企业管理－人事管理 Ⅳ . ① F272.92

中国版本图书馆 CIP 数据核字 (2016) 第 324120 号

管理胜任能力的情景判断测量研究：理论与方法

金杨华 著

责任编辑 郑 建
封面设计 林朦朦
责任印制 包建辉
出版发行 浙江工商大学出版社
电话：0571-88904980，88831806（传真）
录　　排 庆春籍研室
印　　刷 浙江全能工艺美术印刷有限公司
开　　本 710mm×1000mm 1/16
印　　张 13.25
字　　数 204 千
版 印 次 2019 年 11 月第 1 版 2019 年 11 月第 1 次印刷
书　　号 ISBN 978-7-5178-2005-5
定　　价 45.00 元

本著作是以下项目资助成果：

◎ 本研究为浙江省社科规划“马克思主义理论研究和建设工程——习近平新时代中国特色社会主义思想研究”专项课题“浙江省习近平新时代好干部标准与考核评价要求研究”（18MYZX10YB）成果。

总　序

企业是社会发展的产物，随着社会分工的开展而成长壮大。作为现代经济中的基本单位，企业行为既是微观经济的产物，又是宏观调控的结果。就某种意义而言，企业行为模式可被看成整个经济体制模式的标志。

从社会学的研究来看，人类社会就是一部社会变迁的进步史，社会变迁是一个缓慢的过程，而转型就是社会变迁当中的"惊险一跳"，意味着从原有的发展轨道进入新的发展轨道。三十多年来，我们国家对外开放、对内改革，实质上就是一个社会转型的过程。这一时期，从经济主体的构成到整个经济社会的制度环境都发生了巨大变迁，而国际环境也经历着过山车般的大起大落。"十一五"末期国际金融海啸来袭，经济急速下滑，市场激烈震荡，危机对中国经济、中国企业的影响至今犹存。因此，国家将"十二五"的基调定为社会转型。这无疑给管理学的研究提供了异常丰富的素材，同时也给管理学研究者平添了十足的压力。

作为承载管理学教学和科研任务的高校，如何在变革的时代有效地发挥自身的价值，以知识和人才为途径，传递学者对时代呼唤的响应，是一个非常值得思考的论题。这个论题关系到如何把握新经济环境下企业行为的规律，联系产业特征、地域特点，立足当下，着眼未来，为企业运营、政府决策提供有力的支持。

在国际化竞争和较量的进程中，中国经济逐渐显现出一种新观念、新技术和新体制相结合的经济转型模式。这种经济转型模式不仅是中国现代经济增长的主要动力，而且将改变人们的生产方式和生活方式，企业则是这一过程的参与者、推动者和促成者。因此，企业首先成为我们管理学研究者最为关注的焦点。在经济社会重大转型这一背景之下，一方面由于企业内部某种机理的紊乱，以及转轨时期企业目标的交叉连环性和多元性，另一方面由于外部环境的不合理作用，所以企业行为纷繁复杂，既有能对经济社会产生强劲推动作用的长远眼光，也存在破坏经济社会可持续发展的短视行为。随着经济和社会的进步，企业不仅要对营利负责，而且要对环境负责，并需要承担相应的社会责任。总体而言，中国企业在发展中面临许多新问题、新矛盾，部分企业还出现生产经营困难，这些都是转型升级过程中必然会出现的现象。

"转型"大师拉里·博西迪和拉姆·查兰曾言："到了彻底改变企业思维的时候了，要么转型，要么破产。"企业是否主动预见未来，实行战略转型，分析、预见和控制转型风险，对于转型能否成功至关重要。如果一个企业想在它的领域中有效地发挥作用，行为治理可以涉及该企业将面临的更多问题；而如果企业想要达到长期目标，行为治理可以为其提供总体方向上的建议。在管理学研究领域，行为治理虽然是一个全新的概念，却提供了一个在新经济环境下基于宏观、中观、微观全视角来研究企业行为的良好开端。

现代公司制度特指市场经济中的企业法人制度，其特点是企业的资产所有权与资产控制权、经营决策权、经济活动的组织管理权相分离。于公司治理而言，其治理结构、方式等的选择和演化不仅受到自身条件的约束，同时还受到政治、经济、法律和文化等外部制度环境的影响。根据North(1990)的研究，相互依赖的制度会构成制度结构或制度矩阵，这些制度结构具有网络外部性，并产生大量的递增报酬。这使得任何想改善公司治理的努力都会受到其他制度的约束，使得公司治理产生路径依赖。在这种情况下，要想打破路径依赖，优化治理结构，从制度设计角度出发进行行为治理，便是一个很好的思路。

此外，党的十八届四中全会提出"实现立法和改革决策相衔接，做到重大改革于法有据、立法主动适应改革和经济社会发展需要"的精神，而《中华人民共和国促进科技成果转化法修正案(草案)》的通过，则使促进科技创新的制度红利得到依法释放。我国“十二五”科学和技术发展规划中明确指出，要把科研攻关与市场开放紧密结合，推动技术与资本等要素相结合，引导资本市场和社会投资更加重视投向科技成果转化和产业化。新时期科技创新始于技术，成于资本，以产业发展为导向的科技创新需要科技资源、企业资源与金融资源的有机结合。因此如何通过有效的企业行为治理，将各方资源进行有效整合，成为促进科学技术向第一生产力转化所面临的新命题。

由上述分析可以发现，无论是从制度、科技、创新角度，还是从公司治理、企业转型角度出发，企业的目标都是可持续的生存和发展，而战略是企业实现这一目标的有效途径。战略强调企业与环境的互动，如何通过把握新时期、新环境来制定和执行有效的战略决策以获取竞争优势，成为企业在新经济环境下应担起的艰巨任务。另外，企业制定发展战略的同时应当寻找能为企业和社会创造共享价值的机会，包括价值链上的创新和竞争环境的投资，即做到企业社会责任支持企业目标。履行战略型的企业社会责任不只是做一个良好的企业公民，也不只是减轻价值链活动所造成的不利社会影响，而是要推出一些能产生显著而独特的社会效益和企业效益的重大举措。

浙江工商大学工商管理学院(简称“管理学院”)是浙江工商大学历史最长、规模较大的一所学院。其前身是 1978 年成立的企业管理系，2001 年改设工商管理学院。学院拥有工商管理博士后流动站和工商管理一级学科博士点，其学科基础主要是企业管理，该学科 1996 年成为原国内贸易部重点学科，1999 年以后一直是浙江省重点学科，2006 年被评为浙江省高校人文社科重点研究基地，2012 年升级为工商管理一级学科人文社科重点研究基地。该研究基地始终围绕“组织、战略、创新”三个最具企业发展特征的领域加以研究，形成了较为丰硕的成果。本套丛书正是其中的代表。

经过多年的理论研究和实践尝试，我们认为中国企业经历了改革开放后三十多年的高速发展，已然形成了自身的行为体系和价值系统，但是在国际环境复杂多变及国内改革步入全面深化攻坚阶段的特殊历史背景下，如何形成系统的行为治理框架将直接决定中国企业可持续发展能力的塑造及核心竞争力的形成。

本套丛书以中国企业行为治理机制为核心，分“公司治理卷”“转型升级卷”“组织伦理卷”“战略联盟卷”“社会责任卷”“领导行为卷”“运营管理卷”七卷，从各个视角详细阐述中国企业行为治理的理论前沿及现实问题，首次对中国企业行为治理的发展做了全面、客观的梳理。丛书内容涵盖了中国企业行为的主要领域，其中涉及战略、组织、人力、创新、国际化、转型升级等宏观、中观、微观层次，系统完备；所有分卷都是所属学科的最前沿研究主题，反映了国内外最新的发展动态，立足学术前沿；所有分卷的作者均具有博士学位，是名副其实的博士文集，其中就包括该领域国内外知名的专家和学者；所有分卷的内容都是国家自然科学基金、国家社科基金及教育部基金的资助项目，体现了较强的权威性，符合国家科研发展方向。

本套丛书既是我们对中国企业行为治理领域相关成果的总结，也是对该领域未来发展方向探索的一次尝试。如果本套丛书能为国内外相关领域理论研究与实践探索的专家和学者提供一些基础性、建设性的意见和建议，就是我们最大的收获。

“谦逊而执着，谦恭而无畏”，既是第五级管理者的特质，也是我们从事学术研究的座右铭。愿中国企业行为治理研究能够真正实现“顶天立地、福泽万民”！

郝云宏

浙江工商大学工商管理学院院长　教授　博导

2019 年 6 月 15 日于钱塘江畔

目　录

理论篇

实证篇

Contents

Part 1 Theoretical Research

Part 2 Empirical Research

图目录

Figure Contents

表目录

Table Contents

理论篇

第1章　国内外人事选拔研究与趋势

人力资源是社会第一资源，它是整合物力、财力等其它资源的核心要素。对于各类型组织而言，建立有效的人事评价与选拔机制，才能甄选符合组织发展要求的人才，从而打造组织可持续发展竞争优势。在全面深化改革背景下，以人才为核心的创新驱动内涵式发展已成为未来中国经济社会发展的新模式。面对全球经济一体化和互联网经济时代的挑战，各个国家和地区都充分认识到了高质量、创新性人力资源的战略性地位。党的“十八大”提出了人才是第一资源，是经济社会发展的战略资源，并确立了建设人才强国和人力资源强国的目标，其总体目标是培养和造就规模宏大、结构优化、布局合理、素质优良的人才队伍，确立国家人才竞争比较优势，进入世界人才强国行列，为在本世纪中叶基本实现社会主义现代化奠定人才基础。

人事选拔与评价（Personnel Selection and Assessment）作为人力资源管理中的重要领域，对企业的人力资源实践及组织整体绩效有着显著的影响。Terpstra 和 Rozell 等有关人事选拔与评价在企业中的应用及其与企业绩效间的关系研究发现：人事选拔与评价的科学规范性程度与公司的获利能力、利润增长及总体绩效间存在显著正相关，尤其是在那些快速成长的服务性行业，这种相关性更为明显。人事选拔与评价技术也是组织变革及战略并购等企业实践的有力支撑。组织变革带来了人员结构性调整的需要，战略并购也要求对人力资源进行优化与整合，这些都需要有很好的人事选拔与评价技术来支撑才能很好实现。

国内外的人事选拔和评价活动由来已久，据文字记载，中国人事选拔和评价制度起源于先秦时期的选士、养士制，历经两汉时期的察举制和魏晋南北朝的九品中正制，在隋朝后期的科举制初步定型。到了唐代，以科举制为代表的制度标志着我国人事选拔和评价发展到了较成熟的阶段。到了近现代，受西学东渐思潮的影响，人事选拔方法主要以西方为主，以心理测验、面试、评价中心、履历分析技术等的综合应用为代表，以评价的专业化、多元化与广泛应用为标志（萧鸣政，2010）。从目前人事选拔评价发展需要来看，在人才评价方面，不仅仅关注人才某一方面的素质，如个性、能力或知识，而是更加关注人才的综合素质和胜任能力。在人力资源胜任能力研究中，目前研究者最为关注的是管理胜任能力的评价和测量，并在这一方面进行了很多研究和探讨（Lievens & Conway，2001；Shippmann et al，2000），而情景评价技术为管理胜任能力的测量提供了新方法、新途径。

1.1　组织人事选拔的基本概念

1.1.1　组织人事选拔

组织人事选拔（Organizational Personnel Selection）研究一直受到学者关注，但至今尚未形成统一定义，主要有以下几种较为典型的观点：

（1）组织人事选拔是指以做出最终雇佣与否决定为目的的过程，它包括晋升和解雇（Guion，Gibson，1988）；

（2）组织人事选拔是采用考试和考察相结合、测定和评定相结合、笔试与面试相结合的多种手段，对管理人才的德、能、勤、绩进行综合分析，以确定他们之间的个体差异和相对价值的一种标准化的选择程序（吴谅谅，1999）；

（3）组织人事选拔就是挑选合适的人到某个特定的岗位上发挥作用的过程（萧鸣政，2010）。

总体而言，组织人事选拔应包括选择和评价两部分，组织人事选拔要为组织筛选和提拔员工提供参考依据。因此组织人事选拔应根据人力资源规划和工作分析要求，寻找、吸引、挑选那些有意向且有能力素质的人到合适的岗位工作，以实现人力资源管理活动，它强调人与岗位的匹配，这也是人力资源管理的核心内容之一。

1.1.2 组织人事选拔的方法

组织人事选拔是开展各项活动、实现组织目标的前提和基础，因而，组织人事选拔不仅关注人员知识、技能、能力，还应关注其价值观、个性和动机，以便更好地实现人岗匹配及组织绩效的发展。Schmidt，Hunter（1998）对人事选拔方法的信度和效度的元分析中指出心理测验、面试、评价中心和履历分析（传记式资料测量）等人事选拔方法具有较好的信度与效标关联效度。

心理测验（Psychological Tests）

心理测验是心理测量的一种具体形式和工具，通过心理测验，可以了解个体的情绪、行为模式和个性特点。心理测验是人事测评与选拔的重要方法之一，在国外使用得较为广泛。根据测验的具体对象可以将心理测验划分为认知测验和个性测验。认知测验测评的是认知行为，个性测验主要测评个体对他人的反应方式和交往行为。Damon（2004）指出，在美国进行的人力资源管理调查中，有22%的雇主认为个性测验对招聘与评估有良好效果，降低了成本和员工流失率。但Alison（2004）对个性测验提出质疑，认为个性测验带来了反效果，增加员工的焦虑感。因此，在实际应用中需要深入了解心理测验的科学编制方法，发挥心理测验的应用意义。

面试（Interview）

面试测评是一种要求被试者用口头语言来回答主试提问，以便测查和评价应试者基本素质和工作能力的一种考察活动。面试是人员素质测评中应用最普遍的一种测评形式。通过面试，可以获取尽可能多的信息，除了能够考察被测评者的知识、技能、品德等方面的能力外，还可以考察能力素质如：应变能力、自我控制能力、口头表达能力。此外，面试比其他测评方式更加灵活和具体。因而，面试在组织人事选拔中应用广泛。

评价中心（Assessment centre）

评价中心是由对多次行为的标准化评估构成的，许多受过训练的观察者运用技术手段，对被评价人主要从专门设计的模拟情境中表露出的行为做出判断，这些判断被提交到评委参加的会议上或经过统计方法加以分析整合，即评价中心是以测评管理素质为中心的标准化的一组评价活动。评价中心形式多种多样，主要有：投射测验、面谈、情境模拟、能力测验。随着评价中心技术发展的成熟，以及对管理者内在特质、行为特征及环境因素的重视，该方法越来越多地受到研究者们的关注，并成为未来人员素质测评重要方法研究的内容之一。

履历分析（Biodata）

履历分析是通过对评价者的个人背景、工作和生活经历进行分析，来判断其对未来岗位适应性的一种人才评估方法，是相对独立于心理测试技术、评价中心技术的一种独立的人才评估技术。基于过去行为是未来工作绩效的最好预测因素这一理论，研究者们提出履历分析人员测评方法。无论是正向和负向的生活经验都将会对未来工作绩效产生影响（Hough，Oswald，2000）。因此，履历分析是新进人员测评的重要方法之一。

人员测评与选拔的方法是了解被测评者身心素质的重要渠道，以上四种方法是现今大量实践研究的重要成果，方法的选用还应以具体的测量目标为依据。此外，人员测评与选拔还包括其他方法，如书面信息分析、操作能力测试、绩效考评、物理测试等方法。

1.2 我国人事选拔的历史与发展

我国古代的人事选拔思想、活动经历了漫长的发展，从原始社会至今，各种思想与方法体现了时代的需求，并做出了相应的贡献。了解我国古代人事选拔的历史和发展有助于深入探析我国人事选拔的发展趋势和独特性。

我国的人事选拔制度是不断完善和发展的过程，但始终坚持“以人为本”的理念。每一种社会形态下对人才的渴望是为政者首要关注的。房列曙（2005）在《中国历史上的人才选拔制度》一书中总结了我国古代至今的人才选拔制度的发展历史，以历史时期为主线，总结出我国的人才选拔制度包括以下几个阶段：

在我国通过一定形式选拔、考核并发现、培养和使用人才的做法早在先秦时期就已出现。主要考察人员的能力、品德。在原始社会，选贤任能成为推举首领的主要方式在氏族社会曾长期存在。“能者”，是指有某项发明或专长者；“贤者”是指用氏族的传习衡量品德高尚者。原始社会末期，被推举为联盟首领的接班人，除了才能出众，其道德高尚也是被考虑的重要因素。

夏商周时期的人事选拔制度

夏商周是我国奴隶制国家由诞生到发展直至鼎盛的时期。这一时期的人才选拔制度，如兴办官学选才制、“乡兴贤能”制、贡士制、世卿世禄制等，主要是采取世卿世禄制。在这种制度下，只有王公贵族子弟才能世代为官。这一制度以血统为考评依据。

春秋战国和秦汉时期的人事选拔制度

春秋战国和秦汉时期主要实行“察举征辟制”。察举制是通过地方官的考察、推荐，将一些符合朝廷要求的人才推荐出来，供朝廷直接任用或经过一定形式的考核再加以任用。所谓征辟制，就是皇帝直接下诏“征召”人才为官和政府行政长官自行“辟除”（聘任）属员制度。征辟者无需考核即被授予高官。察举制度和征辟制度，虽然比夏商周的“世卿世禄”制有进步，也选拔出了一大批德才兼备善于治国的人才，但由于缺乏客观的人才选拔的标准，加上有荐举权的官吏营私舞弊，滥用职权，以至于出现了“权贵子弟多以人事得举，而贫约守志者常以穷退见遗”（《后汉书》卷 61·《黄琬传》）的现象。这种现象到魏晋南北朝实行“九品中正制”时发展到了极端。

魏晋南北朝时期的人事选拔制度

魏晋南北朝时期的人才选拔制度，比汉代多了一条以推荐考核为选官途径的“九品中正制”。它是在对东汉察举制的反思与损益的基础上创设的，但在其实际操作过程中，选举大权几乎全部被盘踞朝廷的士族高官所垄断，而品第士人的标准也就逐渐舍弃才德，不论贤愚，专讲家世门第。南北朝后期，察举制实施的重心开始向考试方面转移，依靠门资选士的九品中正制已不能适应社会发展的要求，出现了“上品无寒门，下品无士族”的腐败局面。

隋唐明清时期的人事选拔制度

于是，时代呼唤一种新的、相对合理的选官制度，科举制应运而生。科举制之前的人事选拔制度，主要以能力、品德、血统为测评指标，这些指标只能部分体现人员的素质，与较为规范的人事选拔制度相距甚远。

从隋唐到明清，我国推行科举考试制度约 1 300 年。科举考试制度的创造性，集中在以下几个方面：其一，考试制度表明了中国封建时代以知识选拔官员标准的确立，这在一千多年前的世界范围内是绝无仅有的创举。它排除了察举制度中长官意志起决定作用的成分，保留了其中重知识的标准，终于通行了千年之久，体现了它长久的生命力。其二，考试制度体现了选拔官员过程中的公正、平等原则。当然，在阶级社会中，平民子弟不可能“公正”地受到教育，自然不可能公正地受到选拔和任用。这里所说的公正，是指在统一的知识标准下，科举制毕竟为庶民子弟的入仕提供了可能。据潘光旦、费孝通对近世 900 名进士的研究，明清时代的一半进士来自农村，科举考试是我国历史上具有一定平等竞争的选官制度。其三，各王朝所建立的具有一套完备的考试方法和惩戒舞弊的规定，如锁院制、糊名制、回避制、复试制、殿试制、校验制等，科举考试由礼部（有时也为吏部）主持，但有检察机构进行监督。考官因徇私舞弊、违犯考试规条，轻则流放、革职，重则斩首。这都是对封建官僚特权的严格约束，体现了公正的原则。其四，建立了选拔的程序。科举制下，至明清已形成必须循序而进、不可逾越的四个步骤：一是童试，也称“小考”、“小试”。包括由知县主持的县试、由知府主持的府试、由学政主持的院试三阶段。由于以上特点，使得一般平民知识分子有机会通过“公平竞争”成为官僚系统的成员，即所谓“朝为田舍郎，暮登天子堂”，促进了知识分子的流动，扩大了封建统治的基础。

近现代的人事选拔制度

到了中华民国，借鉴中外人才选拔制度的优点，克服中外人才选拔制度的缺点，创建了以考试权独立为核心的文官考试制度，取代了八股取士的制度。文官考试制度，首创于南京临时政府时期，正式推行于北京政府时期，而考试权的独立完成于南京国民政府时期。

（1）文官考试制度。高等文官考试是国家最高一级考试，由考试院举办，及格者分发中央和地方机关以荐任级任用。高等文官考试，北京政府举办二次，共录取 684 人；南京国民政府在大陆期间，共举办 15 届，共录取 4 321 人。普通文官考试由各省举办，及格者由举办单位以委任职分发到考地各机关任用。北京政府举办一次普通文官考试，录取

295 人。南京国民政府举办普通文官考试为 14 次，共录取委任级文官 6 210 人。特种考试的水平有的高于高等文官考试，有的则比普通考试还要低。南京国民政府通过特种考试所选拔的人才，十多倍于高等文官考试或普通文官考试。

（2）与文官考试相辅相成的文官铨叙制度。它是指对官吏进行分发、任用、甄别、考绩、任免、升迁、抚恤等事宜。除文官考试制度外，中华民国时期的人才选拔制度还包括学校教育选才制和留学生的选拔制度。中华民国初年，废除奖励毕业生的出身。北京政府进行了中学入学招生考试改革的尝试，还曾收回高等学校和中等学校毕业考试权，毕业考试分别由教育部和教育厅举办。南京国民政府曾推行中小学毕业会考制度和全国高等学校的统一招生考试制度，此外，还形成了学士、硕士、博士学位制考试制度。留学生毕业归国，北京政府时期，均须经过国家统一考试，才能授以出身，给予官职；南京国民政府时期，实行了回国留学生的审查登记和抗战期间留日学生的甄审制度等。

综上所述，这些人才选拔制度，在不同的历史阶段、不同的社会形态下，其表现形态与侧重点有所不同，其功能也不一样。总体而言，我国主要以才德、血统、知识智能、门户为依据进行人事选拔，直到 20 世纪初才开始引进国外的心理测量量表，到了 20 世纪 90 年代，人事选拔工作开始得到社会的普遍关注和发展。

我国历史上的人才选拔制度为国外人事选拔的发展做出了贡献。据记载，早在唐中宗时期，日本建立了模仿唐代制度的考试选官制度。16 世纪以后，我国的考试制度愈来愈受到世界的注目，在不到 300 年的时间里，西方国家仅用英文出版的介绍中国科举制度的书就达 70 余种，中国传统考试经验的广泛流传，为近代欧美各国建立文官考试制度提供了有益的蓝本。英国文官制度的创建人诺斯科特和杜维廉两人都对中国科举制心仪很久，他们在 19 世纪 50 年代提出并在英国实行了“公开竞争—公平考试”的文官选拔制度。我国选拔人才制度的西进，使西方的任官制度、教育制度为之一新。但到了现代，我国主要以引进国外的人员素质测评方法开展人事选拔工作，并逐渐在实践中加以应用。

1.3　国外人事选拔的历史与发展

早期的国外人事选拔方法包括 Galton，Cattell 的人体生理素质测验、Binet，Simon 的智力测验（苏永华，2000）。人事选拔在军事上的运用促成其进一步发展。20 世纪中期，统计学和心理学等学科的发展为人事选拔的成熟发展奠定了基础。

1.3.1　国外人事选拔与评价的产生

早期的心理测验为国外人事测评的产生奠定了基础，相应的心理测验也体现了人事选拔中“选择”这一初步思想。Galton 是心理测量学上生理计量法的创始人，他曾发明了测量人的身高、体重、呼吸力、拉力等人的生理素质测量仪器。此外，Cattell 在心理测量的历史上也占据了突出的位置，他编制了包括肌肉力量、运动速度、疼痛感受、视听敏度、记忆力等项目的测验。还首创了“心理测验”这一术语（Cattell，1890）。

目前世界上为数众多的智力测验主要以 Binet 的智力测验原理和方法为基础发展而来的。Binet，Simon（1905）在发表的一篇题为《诊断异常儿童智力的新方法》中介绍了世界上第一个智力测验量表 Binet—Simon 量表。经过 1980 及 1911 年两次修订，这一智力测验量表逐步完善，并被许多国家修订并广泛运用。Binet 对于心理测验的贡献在于其在 Galton，Cattell 的基础上把心理品质当做研究对象进行测量。Binet 心理测验的早期成果主要用于当时法国义务教育时期对不同的儿童进行相应教育内容匹配，这种智力测验对正常儿童和智力落后儿童进行区分，因而初步具备了选拔的思想。

1.3.2　国外人事选拔与评价的发展

为了选拔合适的人员，在战争期间及其后的战后发展时期都大量使用心理测验方法。这些方法的运用和完善极大地促成了人事选拔工作的发展，为国家及组织的发展带来了极大的动力。

与工作分析、态度调查类似，人事选拔是工业心理学的传统研究领域之一。Scott 和他的同事在“一战”中后期的心理测验研究工作很快与人事选拔等同。随着组织环境的日益变化，人事选拔工作更加重要。首先，每一小时内的工作内容及管理水平变得更加固定。随着“二战”后组织的增多，劳动合同更加限制管理者们干预人事活动的自由。其次，机械化和自动化逐步减少对劳动力的需求，重复性工作能被快速和低成本地传授给员工。尽管数量上对劳动力的需求增加很少，但自动化工厂的工作任务仍在增加，这需要更加仔细和精确地进行人事选拔。因为不仅替代无法胜任工作的操作者的培训成本很高，而且日益复杂的工作任务使得员工出错的成本比未自动化时高很多。日益复杂的工作和增加的培训成本确实成为管理上需要解决的问题，因此，很多公司与产出率较低水平时相比，它们投入更多地资金用于增强选拔管理方面的培训。因此，20 世纪初，科学管理及量才分工的思想极大地推动了现代人才测评在工业中的广泛应用。在组织人事选拔中开始强调员工的体力、脑力和工作匹配的问题。

人际关系学派的发展使得人员素质测评的测量目标由单一的知识、技能转向结合被测评者的需要、动机、性格、兴趣等心理特征。Mayo 于 1933 提出了人际关系的重要性，他指出人是社会人的人性假设，认为不仅要满足他们在物质方面的需求，还应重视他们在社会方面和心理方面的需求。Maslow 则更为具体地分析了人的不同层次的需要，并强调了各种需要间的相互关系。Herzberg 提出了影响人们行为的双因素理论。双因素理论说明不仅要通过物质利益和工作条件等保健因素调动人的积极性，还应注重一些内在的激励因素。这些观点对组织人事选拔的共同启发点在于强调了人员素质测评与选拔中对人的全面关注。

1.3.3 国外人事选拔与评价的成熟

20 世纪中期，心理学和统计学等学科的发展促成组织人员测评与选拔走向成熟。人格心理学中的特质理论、行为理论、权变理论对人才测评的标准与选拔产生了重要影响。统计学中多元回归分析、因素分析、聚类分析等方法的发展使得人员素质测评的可测性得到有效支持。统计学分析方法的发展使得人员素质测评的信度、效度等问题得到新的重视。

传统观念中对选拔的认识强调首先对工作职位进行分析，然后对个体的各种特征提出要求，进而选拔最符合职位要求的个体，即传统人事选拔是围绕对职位候选人进行评价、从而选拔最符合职位要求的个体这一思路展开设计的（Robertson，Smith，2001）。Boman，Hanson（1997）指出人事选拔的效标模型、个性测量、个体与组织的匹配是人事选拔的三个主要研究领域。Hough，Oswald（2000）对人事选拔进行的综述性文章中指出人事选拔对主要的人事选拔方法进行述评并强调了人事选拔中运用方法的信度和效度问题、专业法律伦理标准等问题。随着经济发展和人事制度改革的深入，经营管理者选拔与评价逐渐成为我国管理心理学研究的热点问题。许多研究者认为应该用胜任特征评价来代替传统能力测验，对经营管理者工作绩效做出预测。

此外，随着管理人员的人格特质理论成为研究热点，关注管理者胜任能力研究具有重要意义。人格特质理论总体而言以管理者为关注对象，研究管理者的内在特征、管理者的行为以及将管理者的行为与情境因素结合起来考察管理者在管理活动中的各项素质。本书也将结合这一研究热点展开实证研究部分的阐述。

从目前人事选拔评价发展需要来看，在人才评价方面，不仅仅关注人才某一方面的素质，如性格、技能或知识，而是更加关注人才的综合素质和胜任能力。在人力资源胜任特征研究中，目前研究者最为关注的是管理胜任特征的评价和测量，并在这一方面进行了很多的研究和探讨（Spencer，McClelland，Spencer，1994；Lievens，Conway，2001；Shippmann et al，2000）。情景评价技术为管理胜任特征的测量提供了一条很好的途径。因此，在第四节中将着重对这一测验进行详尽的阐述。

1.4　古代人才选拔中的情景评价思想

情景评价主要是指通过向被试呈现工作相关的情景，在情景处理中评价个体管理胜任能力的方法。用情景评价的方法考察人才素质方法自古有之。在秦朝，我国就有通过在不同的情景下去识别人才的方法。其中，《吕氏春秋》将知人之道归纳为外用“八观六验”，内用“六戚四隐”方法。“八观”主要是观察一个人在通达穷困、富贵贫贱时的不同表现，以判定其是否贤才。“六验”是观察一个人在喜、努、哀、乐、惧、苦的情况下，能否保持操守。“六戚四隐”，着重考察一个人如何处理与亲属、朋友、故旧、邻里的人际关系。通过以上的方法，达到“人之情伪贫鄙美恶无所失矣”。（《吕氏春秋·论人》）。通过在不同的情境下考察一个人在能力、操守和关系处理方面的综合素质来评定是否是人才。

到了三国时期，蜀国为了有效的考察、识别和使用人才，诸葛亮以德才兼备为基础，从“治实”精神出发，提出了考察和识别人才的重要性，认为要想全面的了解一个人才，不仅察其言，而且观其行，在此基础上提出了七条“知人”之道：（一）“间之以是非而观其志”，即根据他对是非判断的询问来考察一个人的志向；（二）“穷之以辞辩而观其变”，即通过激烈的严辞逼迫他，考察他的应变能力；（三）“咨之以计谋而观其识”，即就某个计划向他咨询，征求他的意见，以考察他的学识；（四）“告之以祸难而观其勇”，告诉他某些危机的事情而观察他的勇气；（五）“醉之以酒而观其性”，利用喝酒的机会，观察他的品性、修养；（六）“临之以利而观其廉”，在有利益诱惑的情况下，看他是否清廉；（七）“期之以事而观其信”，委托和交付事情给他去办，以考察他是否守信。这种通过对不同的情形下，从判断和志向、应变能力、规划和学识、勇气、品性、清廉以及守信用等方面全面考察人才的方式，在现在仍然有值得借鉴的地方（《诸葛亮集·文集》卷三）。

宋代范仲淹认为过去的科举考试中过多地强调了诗赋、墨义，虽然录取了大量考生，但“有才有识者，十无一二”。针对这个问题，范仲淹提出的科举制度改革措施，其中最为重要的一项就是改革考试内容，要求进士科考试把策问放在第一位，明法科则偏重举出一些案例，通过案例判断，了解考生对国家律令掌握情况和实际办事能力（《续资治通鉴长编》卷 143）。

我们可以看到，我国古代就有通过在不同的情景下来考察和判断一个人的综合素质方法，而且，都为当时的官员识别和考察做出了很大的贡献，对现代领导干部的评价和选拔有很多的启示意义。可见，情景评价的思想在我国已经有着悠远的历史，从以往实践看，从某种意义上可以认为在不同情景下考察个体才能的方法比一般的知识考试有更佳的效果，也能更好地反映出个体的综合能力。

第 2 章 管理胜任能力的概念与内涵

2.1 胜任能力的概念与内涵

在 1970 年初，针对传统智力测验的缺陷，McClelland 等认为应该用胜任能力指标来代替传统的智力测验，对工作绩效作出预测。在最近的人事评价、领导理论以及个体能力研究中都更加注重胜任能力理论研究思路。Shippmann 等在美国的调查研究发现，75% 左右的被调查公司已经在不同程度上应用了胜任能力思路（Shippmann，et al，2000）。

在 McClelland 等提出胜任能力概念以来，有关管理者胜任能力的研究一直成为研究者们关注的热点。对于胜任能力的内涵也一直存在着很多的争议。Shippmann，et al（2000）对相关文献中胜任能力的概念进行了归纳和整理，认为目前在文献中经常被引用的胜任能力概念主要包括以下几种：

（1）胜任能力指知识、技能、能力、动机、信念、价值观和兴趣的综合（Fleishman，et al，1995）；

（2）胜任能力指与高工作绩效相关的知识、技能、能力或特征（Mirabile，1997）；

（3）胜任能力指动机、特质、自我概念、态度 / 价值观、知识或技能，指能够被可靠测量的，并能把高绩效员工与一般员工区分出来的任何个体特征（Spencer，McClelland，Spencer，1994）；

（4）胜任能力指可测量的、有助于实现任务目标的工作习惯和个人技能（Green，1999）。

此外，Zwell，Russell，et al 则更加直接的把胜任能力定义为决定工作绩效的持久的品质和特征（Zwell，2000；Russell，2001）。

从胜任能力的各种定义可以看出：胜任能力概念的涵盖范围很广，包括知识、技能、能力、个性、价值观和动机等各种与个体所从事岗位的工作绩效有着密切相关的要素。从胜任能力的定义可以看出胜任能力的几个特征：首先，胜任能力的工作绩效关联性，只有与工作绩效相关的个体特征才成为胜任能力要素；其次，胜任能力的概念包含着对于任务、岗位或职务要求"胜任"的含义，即针对外部标准来看综合性的能力，更多的体现了实证主义哲学思路；最后，胜任能力概念更加强调综合性。在以往研究总结和实证研究基础上，王重鸣等认为胜任能力是与任务情景密切关联的，能够影响个体工作绩效的一种综合才能（王重鸣，等，2001）。

胜任能力模型的研究和构建成为胜任能力概念提出以来的焦点问题。在 McClelland，Klemp，et al 提出胜任能力概念之初，就对胜任能力作了区分，在资深经理样本研究的基础上，他们认为胜任能力可以分为基准型胜任能力（Threshold Competence）和鉴别型胜任能力（Differentiate Competence）两大类。他们的研究发现，很多的胜任能力特征是特定于职位的，对区分某些特定职位中高绩效管理者和一般管理者有着积极的意义；但是，随着研究的进一步深入，越来越多的证据表明有些胜任能力特征是普遍的，它们适合于描述各种类型组织中的高绩效表现者，McClelland 把这样的胜任能力特征称之为通用型胜任能力特征（Generic Competence）。对于理论研究而言，对于通用型胜任能力的关注具有非常重要的意义（Klemp，McClelland，1986）。在胜任能力概念提出以来，很多研究者都对管理者的胜任能力模型进行了讨论。

Hay（1990）归结出九个核心特征：应变力；责任感；影响力；概念化；多视角；预见性；尊重与敏锐；沟通性和自知之明。并且认为这些技能既不是一般技能，也不是普通知识，而更多的是一种取向。Shanteall（1992）的"专家胜任能力理论"认为，胜任能力包括五大成分：专业和知识；心理特征；认知技能；决策策略和任务特征。很多跨国公司的人力资源目标是拥有更多的能在工作中产生高绩效的员工，采取措施来为关键职务确定胜任能力模型，认为胜任能力模型包括四个维度：（1）对工作成就的承诺；（2）诊断和问题解决的技能；（3）人际管理；（4）领导和管理（王重鸣，2001）。

2.2　管理胜任能力结构与维度

2.2.1　管理者胜任能力的研究

Hill（1994）提出对于管理人员职业成功最为重要的综合素质包括三个方面的内容：完成任务、构建工作关系网络和良好的伦理判断，这三个方面构成了职业成功的综合体。

国内有很多研究者对管理人员的胜任能力模型进行了探讨。王晓军（1999）尝试构建我国工作背景下管理者的胜任能力模型，其研究结果发现管理者的综合能力结构包括创新能力、表达能力、决策能力、人际激励能力、用人能力、时间计划能力、时限控制和紧迫感八个维度，管理者的综合能力与绩效之间存在着密切的关系，并在一定程度上可以用来预测管理者今后的工作成绩。王重鸣，等（2000）在界定了胜任能力概念的基础上，通过对中高层管理者的访谈研究，了解他们完成本职工作所需要的关键能力，同时，通过问卷调查发现，除了具备一定的专业业务能力之外，管理者必须具备三方面技能，即自我和任务管理技能（创新能力、表达能力和决策能力）、人际管理技能（人际激励能力、用人能力和协调能力）以及时间管理能力（时限控制和紧迫感）。在以往研究的基础上，洪自强（2002）在胜任能力研究思路的指导下，通过验证型因素分析对管理者的胜任能力模型进行了探讨，认为国内管理者的胜任能力包括认知因素、情绪因素、社交因素和业务因素四个方面。认知因素主要与综合分析、表达、决策能力和学习能力相关，也可以认为更多的与个体解决问题的能力相关。情绪因素指自我激励和约束的能力和特征，主要包括责任意识、自律、自我认知、主动进取等。业务因素主要是指是业务知识，包括教育背景和专业技能等；社交因素主要包括社会交往绩效、外向性、合群性以及领导潜力。其中认知因素、社交因素和情绪因素与中高层管理者的工作绩效间有着密切联系。

此外，1980 年末、1990 年初凌文辁等有关中国领导者内隐能力的研究也为理解管理胜任特征提供了很好的启示。徐联仓和凌文辁等在领导者素质测评方面的研究发现：在中国文化背景下，领导者的品德素质、人际关怀和任务达成构成了三个重要的方面，在此基础上提出了中国文化背景下的 CPM 领导理论（徐联仓，陈龙，王登，薛安义，1985；凌文铨，陈龙，王登，1987；凌文铨，方俐洛，艾尔卡，1991）。凌文铨等（1991）为了了解中国人“内心”中对领导概念的理解，对中国人的内隐领导概念进行了研究，研究发现中国人的内隐领导概念中主要包含四个维度的内容：个人品德（Personal morality）、目标有效性（Goal effectiveness）、人际能力（Interpersonal competence）和才能的多面性（Versatility）。他们的研究发现，在中国，人们首先是用道德标准来判断领导，“德”是领导的首要特质；其次是目标有效性，主要与领导的远见卓识、精明能干、能力出众等方面有关；人际能力特质是与领导者的吸引力、善于处理人际关系有关；最后一个方面是才能多样性，它有助于人际关系的处理和目标有效性的达成（凌文铨，方俐洛，艾尔卡，1991）。陈民科，王重鸣（1999）运用基于胜任力的职位分析方法，对全国 5 个城市 51 家企业的 220 名中高层管理人员进行了访问调查，通过行为事件访谈和问卷调查，识别了高级管理者的胜任力特征结构，运用结构方程模型等方法进行比较分析，提出了管理素质和管理技能两大管理胜任能力维度，并区别了不同职位层次在胜任特征结构上的差异，认为中层正职管理人员的胜任能力要素包括诚信正直、责任意识、价值取向、权力取向、战略决策、协调监控、激励指挥和开拓创新，而副职管理人员的胜任能力要素则是责任意识、价值取向、权力取向、战略决策、经营监控和开拓创新。

上述研究具有非常重要的理论意义，特别是王重鸣，洪自强，徐联仓和凌文铨等对中国文化背景下管理者胜任能力的研究，从胜任能力的结构模型角度，对管理者胜任能力的层次性进行了探讨，对理解管理胜任特征模型有着极其重要的意义。

2.2.2 管理者内隐知识

在管理者胜任能力研究的同时，Sternberg，Wagner 等有关管理者内隐知识的研究也为情景评价测验研究提供了理论基础。Wagner，Sternberg 等人在传统智力测验缺陷的基础上，提出应该用实践智力代替原来传统的智力测验，通过对商业经理和心理学家所面对的实践任务的调查研究，他们发现，实践智力的主要标志是内隐知识的获得和运用。所谓内隐知识是指一种行动取向的，在低外部支持的条件下获得的，与个体价值目标密切关联的知识。

Wagner（1987）在实证研究的基础上，提出了内隐知识结构模型。他认为内隐知识是一个由三个维度组成的立体结构。第一维度是内容，它包括三个部分：（1）管理自己，指在工作相关情景中，关于绩效方面的自我激励和自我组织的知识，比如如何更好地克服拖拖拉拉；（2）管理任务，指如何做好与具体工作任务相关的知识；（3）管理他人，指关于管理下属和与同伴交往方面的知识，比如如何去奖励下属，以便提高产量和工作满意感。第二个维度是情景，它包括：（1）局部情景，指集中注意完成目前手头具体任务，具有短期性，没有考虑到声誉、职业目标或长远规划；（2）全局情景，注重长远目标，以及如何将目前的情况和长远规划相匹配。第三个维度是定位，它包括：（1）理想主义定位，指理想的评价解决问题的方案；（2）实用主义定位，指一个方案的可实施性。这种结构模型允许人们从多种角度去认识和理解内隐知识，为后来的有关内隐知识的研究奠定了理论基础。管理者的内隐知识随着工作经验的增加而逐渐增加，更为重要的是，Sternberg 等人的大量研究发现个体的内隐知识与个体实际的工作绩效之间存在着紧密的关系（Sternberg，et al，1995）。在以往研究基础上，Sternberg 等提出了管理者管理智力（Managerial Intelligence）的概念，认为决定管理者职业成功的主要成分包括分析型智力、创造型智力以及实践型智力三个方面，其中实践型智力与管理智慧（Widsom）密切相关，因此，尤为重要。

2.3　管理胜任能力测量的评价中心技术

管理胜任能力的测量方法的研究较少，总结以往管理胜任能力的测量方法，主要包括自我报告法（Self-report）和评价中心技术（Assessment Center），而评价中心技术被视为最为有效的管理者胜任能力的测评方法。

评价中心从被引进的50多年时间里，被应用于工业心理学及人力资源管理实践领域。评价中心是指通过创设一种逼真的模拟管理系统或工作场景，这个系统或工作场景能够投射出相应岗位所需要的特质，然后将被试纳入该环境系统中，使其完成该环境系统下对应的各种工作，如主持会议、处理公文、进行决策等。在这个过程中，主试采用多种测评技术和方法，观察和分析被试在模拟的各种情景压力下的心理、行为表现以及工作绩效，以评价被试的管理能力和潜能等素质。

评价中心技术包括各种测验技术及工作样本测验（Joiner，2002），它是以评价管理胜任能力为核心的评价活动。事实上，评价中心的核心概念就是仿真性和模拟性（Simulation）。它通过各类情景模拟为管理人员提供一个发挥才能与潜力的机会，具有较高的表面效度与效标关联效度等特点，可以较好地避免了社会称许性对测评结果的影响。在传统的人事测验中，由于测验的内容带有明显的倾向性和评价性，所以导致被测评者往往是依据社会的期望或评价的意图来作出反应，而不是依据自己的真实情况，使人事测验的真实性和可靠性受到人们的怀疑。而评价中心问题情景的设置则没有明显的倾向性和评价性，被测评者只能按照自己在实际工作情景中的做法来回答问题，这样就比较真实地反映了被测评者的素质。

评价中心测验选拔和开发的目标是模仿目标工作最为重要的技能来为被测评者提供机会，能不仅证明技能和绩效维度的重要性，还能有机会证明这些被测评者在最为重要的工作情景中能有效应用自身的特质和能力。主要的评价中心方法有公文筐测验、无领导小组讨论、管理游戏、角色扮演等。

公文筐测验（In-basket）是评价中心中用得最多的一种测评方法。在测验中，被测评者需要分析和处理各种信息，以及做出决策。这些信息主要来自信函、电话记录、备忘录等出处，并要求被测评者在两三小时内能够对这些信息中的问题、指示、琐事等做出批示。这一测验主要反映被测评者分析问题轻重缓急的能力并进行计划、组织、决策、分派任务等能力及对工作环境的理解和敏感程度。

无领导小组讨论（Leaderless Group Discussion）是评价中心中较为常用的一种测评方法，主要通过将被测评者划分为小组，每组约4–8人，在不指定负责人，不安排被测评者位子的情况下，让所有被测评者讨论具有争议性的问题，最后要求形成统一的意见，进行汇报。这一测评方式主要为考察被测评者的组织协调能力、口语表达能力、分析解决问题的能力、倾听他人意见能力等。

管理游戏（Management Games）中较为常用的是小溪练习和建筑练习，这种评价方法主要通过观察被测评者在各自所分配的任务中，如何与他人进行合作、协调完成工作的能力，有时还会引入竞争机制。这种方法具有一定的趣味性及挑战性，因而也是评价中心常用的方法之一。

角色扮演（Role Play）是指在设置了一系列尖锐的人际冲突的情境中，要求被测评者扮演某个角色并进入相应的角色以处理各种问题和冲突。这种测评方法能够较好地测评人际关系处理能力、情绪控制能力、随机应变的能力，处理各种冲突矛盾的能力。这是一种灵活性较强的评价方法。

第3章 管理胜任能力导向的人事测评

3.1 特质激活理论与构思效度

评价中心往往由于缺少维度评价的结构效度方面的证据支持而受到批评。这个研究考查评价中心的聚合度低，是否是从作业练习有别于那种可观察到有关个性特征的行为的情境中而来的相关性的结果。评价中心的聚合度是在五个情境模型中进行评价的，其评价方式是比较作业练习中的平均内部维度相关水平，相对那种机会较少的包含于作业练习中的平均水平，这种作业练习允许有更多的机会观察相关特征行为。

对于每个个性特征，作业练习中专家对特征激活的潜能评分高者显示出较强聚合度（平均相关为0.30），而在特征激活潜能的作业练习得分低的人聚合度较低（平均相关为0.15）。有关评估评价中心的结构效度的应用，伴随着基于情境模拟的分类作业练习未来方向，大家一直在进行着探讨。

评价中心被成功应用于人事选拔和发展已经有半个多世纪了。研究不断显示，评价中心对候选人将来工作中的预测往往是成功的，据估计，一些结果的平均效标关联效度高达0.40（Gaugler，Rosenthal，Thornton，Bentson，1987）。因为评价中心通常设计的是类似于实际工作工作的关健行为要素，所以其结果受到候选人和执法官员等人的广泛认同（Thornton，Byham，1982）。

尽管有预测效度的证据，但支持评价中心结构效度的研究成果却很少，这就得出这样的结论，评价中心不可能对待测的维度进行有效测量（Klimoski，Strickland，1977；Klimoski，Brickner，1987）。特别是同一作业练习中的不同行为维度评分的相关性往往比相同行为维度的评分相关性要高出很多（Bycio，Alvares，Hahn，1987；Turnage，Muchinsky，1984）。

例如，Sackett，Tuzinski（2001）指出，一个典型的评价中心，其不同作业练习的同一维度的评分间的平均相关性是 0.25，而同一作业练习中的不同维度的评分间的相关性是 0.58。尽管有大量关于结构效度明显缺乏的解释，但所设计、处理的评价中心的方法的总的规则被发现是有缺陷的（eg Zedeck，Cascio，1984）。

这个结论是基于这样的假设，即评价中心的目的是要多次测量一个行为维度，并重复这样的测量而不只是单一的有关明确的工作相关归因的信息。Howard（1997）提出，有几方面的原因说明为什么不应预期交叉作业练习的维度评分会出现高聚合度。例如，评价中心的作业练习评分不可能像通常交叉作业练习中获取有效信息那样的平行测量一样被非常恰当地评价，每项作业练习可能仅提供一个维度的一个方面，这种信息的唯一性与独特性可以非常有用。在候选人有机会展示相关维度行为的程度上，不同的作业练习也可能有所区别。这并不是说作业练习往往完全没有任何机会观察到有关给定 / 假定的（因此不必评分）维度信息，而是简单承认作业练习不可能等同于这种观点，以及这将可能削弱对聚合度的评估。

这些观点与现代方法对行为一致性的理解是一致的，这就意味着在可观察得到的交叉情境中，情境特征对一致性大小发挥着重要影响（cf Mischel，Shoda，Mischel，Wright，1993）。人们通常认为，社会行为的决定与陈设及情境有关，只有在情境基本相同，所观察到的行为才显示出高一致性（Wright，Mischel，1998）。评价中心的作业项目被设计成为包含不同行为需求以满足所表现出的大量有关工作的行为（Sackett，Dreher，1982）。当作业项目要求相似时，可能会出现较高的一致性，因此交叉作业项目评分的聚合度也会更好（Sackett，Harris，1988）。

这个研究考查了作业项目相似性的一个方面的角色，在某种程度上作业项目提供了一个观察有关特征行为的机会。特别是，假设评价中心评分的低聚合导致从作业练习中的相关评分中的部分，一定程度上不同于可观察到的有关特征的行为。研究表明，评价中心评分系统与候选人的个性是可以预期的，有关相同特征的行为观察的交叉作业项目将会有更好的聚合性。

为了验证这一点，从一个为期6年的用于强制执法官员的晋升评价中心系统中得出一批数据，除了对候选人进行评分以外，还要求评价者进行判断：（1）每个作业项目提供一个机会观察五因素模型（FFM）的有关个性特征的行为的程度；（2）评价中心系统中所用的每个行为维度与每个个性特征关联的程度。评价中心评分系统的聚合度是通过对允许对相关特征行为进行更好观察的作业项目的评分的平均内部维度的相关性（称为高特征激活潜能或高TAP），以及包含在那些较少有机会观察特征关联行为的作业项目中的平均相关性（低TAP作业项目）这两者进行比较而得出的。

评价中心评分系统的交互者方法

交互理论是在关于个性研究的“特征”与“情境”之争中出现的，该理论认识到个性特征和周围情境对决定个体行为是同等重要的（Dworkin，Kilstrom，1978；Magnussen，1971）。交互理论研究中的一个重要启示是在决定是否能观测到有意义的跨情景行为模式中情景相似性的重要性。在30多年以前，Mischel（1968）指出：“对于同一个体，行为唤起的情景越不相似，其产生相似或一致反应的可能性就越小。甚至情景间的细微差异都有可能使相关性降为零。”

特征激活理论和评价中心结构效度

特征激活潜能是指在一个给定情景中观察特征相关行为的区别的能力（Tett，Guterman，2000）。如果在一种情景下，不同的特征关联行为越能被观察到，就说这种情景的特征激活潜能越高。是否有机会在某一种情境下观察到有关某一特质相关行为的差异，这取决于很多因素，非常明显的是情景的强度和相关性。

Mischel已经详细地探讨了情境强度是如何影响特质相关行为的表达和行为一致性评估（Mischel，1973，1977）。强情境是指那些行为要求清晰、行为结果直接的情景，在这种情景下个体会产生一致的预期，个体在情景下的反应差异很小。这些情境会掩盖潜在的行为特征，因为观测到的行为在这种情景下往往缺少变异性。另一方面，相对的弱情境是指在此情境下个体倾向于在情境知觉以及对各种反应的结果预测上有更大的变异性，而这些变异度更能够通过个体差异变量来预测。只有在相对的弱情景下，行为观察结果间会有高相关；当涉及强情境时，行为观察间的关系会被削弱，跨情景间的一致性也会变弱。

而情景与感兴趣的特质之间的相关性（Tett，Guterman，2000）。在提供特质相关的行为线索方面，不同情景之间有差别（Kendrick，Funder，1988）。举例：在一个房间里数据输入只能提供很少有关社会和友好性的行为信息，而如果让他对一封处理客户投诉的信件就可以观测一些人际特质相关的信息。后面的情景能比前面的情景更能够提供特质相关行为线索信息。

Tett，Guterman（2000）在研究中表明了特质相关性在理解特质与行为模式之间相关中扮演了重要的角色。让被试完成特质测量和 50 个情景下表达的特质相关的行为意向。在意料之中，结果显示特质测量得分与行为意向之间的相关在相关情景中更高。同样重要的是：行为意向跨情景的一致性在那些与目标特质相关的情景间更高。

与相关性相关同样也会影响在与特质相关行为上观测到个体差异机会的概念是胜任要求假设（Mischel，Shoda，1998）。研究表明心理要求情景是个体差异被排除的一类情景。当个体有满足情景要求的动机并且有能力这么做的时候，大部分人会产生主导的反应并在在个体差异上不会大。然而，当情景要求反应更加困难，并不是每个人都拥有成功解决该类情景所必须的胜任力的时候，差异才能更清晰的被观测到。这种胜任力不仅包括技能和能力，也包括成功执行一个意向行动的为行为要求服务的个性特质。

只有当评价中心练习具有高特征激活潜力的时候，在相关维度上的评价才会聚合。例如，经理对一个工作中低于基本工作标准又不合作的下属的咨询情景。在这种情景下，合群性的行为展现在不同经理之间会非常不同。

3.2　情景评价测验的问题解决策略

以往有关情景评价测验的研究中，往往忽视被试在解答情景评价测验试题时的过程，对于测验过程的忽视会弱化我们对情景评价测验特征及其效度来源的认识。Simon，Newell，Shaw 等（1958，1972）对于人类问题解决研究，为理解情景判断评价测验过程提供了较好的研究基础。

Simon 等（1978）认为，当个体面临一项任务，但又不知道如何去完成时，就面临了一个问题，问题解决就是使面临的问题得到解决的认知过程。情景评价测验由一系列实际管理工作中可能会遇到的问题组成，需要个体通过应用自身的知识、经验等作出评价和判断，最后形成问题的解（朱新明、李亦菲，2000）。

Simon，Newell 等通过口语报告分析方法，对个体在解决河内塔问题、国际象棋问题以及中国结问题时的认知加工过程（Shaw，Simon，1958；Newell，Simon，1972；Kotovsky，Hayes，Simon，1985），提出了问题解决的信息加工理论，极大的推动了 20 世纪认知科学、人工智能等领域的研究。在《人类问题解决》一书中，Newell，Simon（1972）把个体的问题解决者与任务环境相互作用的过程，首先是对问题进行知觉和表征，形成问题空间，然后在问题空间中解决问题。在口语报告研究的基础上，提出了人类问题解决信息加工理论的一些原则：

（1）人类在问题解决过程中，有一些不依赖于任务特征的少数不变特征（Invariants），同时，人类行为也具有自适应的特点，能够根据不同任务要求建立相应的行为模式（Newell，Simon，1972；Simon，1990）；

（2）个体所面临的任务环境结构决定着问题空间的结构和大小；

（3）问题空间的结构又决定着个体在问题解决中可能采取的方法和策略（Newell，Simon，1972）。

在大量人类问题解决过程研究基础上，Simon，et al（1972）指出个体问题解决方法可以分为两大类：算法和启发式方法。算法主要表现为假设——检验法，这种方法效率较低，是新手在问题解决过程中较多采用的方式；启发式方法则是利用一些经验性信息来帮助问题解决的方法，这种方法效率高、速度快，是专家解决问题的主要方式，其中常用的启发式方法策略包括启发式搜索和手段目的分析法等，启发式搜索的特点在于利用一些特定领域的范例和经验来帮助问题解决。在表述人类问题解决过程时，Newell，Simon 将产生式（Production）作为描述问题解决中信息加工的形式化语言，并对知识丰富领域专家和新手在解决问题过程中的差异进行了深入研究，并提出了专家与新手在解决问题过程中的一些差异，其中非常重要的一点是专家更多的利用经验来帮助解决问题，往往采用启发式方法，很多时候表现为直觉的特点；而新手更多的依赖于假设检验方法来解决问题。

Newell，Simon（1972）的个体问题解决研究为理解情景评价测验内部过程提供很好的理论和研究支持。本研究认为不同类型的情景评价测验提供了不同的任务类型，因而会形成不同的问题解决策略。应用问题解决研究作为情景评价测验过程研究的基础，可以让我们初步探讨情景评价测验的内部过程。

3.3　工作绩效研究

人事选拔与评价研究，离不开工作绩效理论模型。首先，从人事选拔和评价的目的主要就是为了能够很好地预测个体未来的工作绩效；其次，工作绩效往往被用作检验人事选拔和评价工具是否具有有效性的外部标准。

在以往的人事选拔与评价研究中，研究者往往不太关注工作绩效的评价，这一方面与当时研究者对工作绩效的理解存在密切的关系，那时更多的研究者把工作绩效看作是客观的工作结果，因此，一般都采用客观指标（如生产率、离职率和缺勤率等）作为绩效指标。此外，客观绩效指标的易获得性也成了推动这些指标应用的一个重要因素。另一方面，虽然以往有很多研究中都采用了工作分析，但是，由于工作分析一般都对着特定的岗位，因此，在绩效指标上也存在很大的差异，很难得到一般的工作绩效指标。鉴于上述一些原因，对于工作绩效内涵和概念的研究一直是一个比较薄弱的环节。到了 1990 年以后，组织正经历着从严格的层级组织结构向个性化的工作转变，员工的工作与以前相比更具灵活性和自主性，组织中的工作也更多地依赖自主团队等形式完成（Arvey，Murphy，1998；Le Pine，Erez，Johnson，2002）。灵活的团队工作模式、多样的员工背景等问题给人力资源与组织行为研究带来了新的挑战，也促使人们对工作绩效的概念进行了进一步的思考。

Campbell，et al（1990，1993）的研究极大的推动了工作绩效理论的发展，Campbell 等提出了工作绩效理论，给工作绩效赋予了更宽泛的含义，他们把工作绩效看成是个体可控制的，与工作目标相关联的各种行为，而不仅仅是工作结果，认为工作绩效应该是多维结构。提出只有把工作绩效看成是多维结构，才能更好的帮助理解员工的工作行为和结果，工作绩效具体应该包括认知、人际和任务相关的维度。在美国军方人事选拔与分类研究项目（Project A）研究基础上，他们提出工作绩效有八个主要的成份组成：岗位特定的任务熟练度、非岗位特定的任务熟练度、书面与口头沟通、努力水平、维持个人原则、推动同事及团队绩效、领导、管理。在 Campbell 等人的绩效维度划分中，从总体可以看绩效维度由任务和周边两大要素组成（Motowidlo，Van Scotter，1994）。

同样，组织公民行为（Organizational Citizenship Behavior，OCB）的研究也对工作绩效研究有很大的推动作用。Ilgen，Pulakos（1999）认为现代组织中，工作的执行更多的依赖员工个人主动性和合作精神。在这种背景下，组织公民行为逐渐成为评价个人工作表现的一个重要方面。从 Smith，Organ，Near 等最早提出来组织公民行为概念以来，有关组织公民行为与亲社会行为、组织自发行为以及角色外行为等概念间的区分存在很多的讨论，Organ 对组织公民行为进行了概括，认为组织公民行为包括利他行为（Altruism Behavior）、责任意识（Conscientiousness）、运动员精神（Sportsmanship）、谦让（Courtesy）和公民美德（Civic virtue）等组成。

在总结了 Campbell，Organ 等人研究的基础上，Borman，Motowidlo（1993）提出了任务绩效与周边绩效的区分，认为工作绩效是由任务绩效和周边绩效两方面工作表现组成的。任务绩效是直接与产品或服务生产提供和技术维持活动，主要成分是工作效率。周边绩效是那些支持组织、社会和心理环境的活动，包括支持完成组织工作的社会与推动因素中的人际关系行为和自主行为等。周边绩效包括自愿承担额外工作；保持工作热情；帮助别人，与别人合作；严格遵守组织的规章制度；支持和维护组织目标五个成分。在 Motowidlo，Van Scotter（1994）以及冯明，等（2000）的实证研究中，任务绩效——周边绩效的区分都得到了验证。进一步研究中，Van Scotter 等认为可以把周边绩效区分为人际促进（Interpersonal Facilitation）和工作奉献（Job Dedication）两个方面（Van Scotter，Motowidlo，1996）。

在最近有关工作绩效的研究中，Pulakos 等提出现今的组织以变革和动态环境为主要特征，在这种背景下，适应性行为就变得越来越重要（Ilgen，Pulakos，1999；Smith，Ford，Kozlowski，1997；Pulakos，Arad，Donovan，et al，2000），因此，工作绩效中的适应性部分必须得到重视。在此基础上，Pulakos 等提出了适应性绩效的概念及其八个维度，并通过关键事件研究发现，对于不同的工作岗位，适应性绩效涉及的维度也有所不同，对于管理人员而言，创造性解决问题、处理不确定和不可预测的工作情景、学习工作任务技术和程序、展现人际适应性和展现文化适应性是关键事件中最多涉及的，也是关键的适应性绩效维度。

上述有关工作绩效理论研究和进展构成了本研究中工作绩效评价的理论基础，在情景判断测验的效标关联效度、交叉效度检验以及情景判断测验构思与工作绩效间关系构建研究中，拟采用任务绩效、周边绩效模型及适应性绩效作为工作绩效的理论模型。

3.4　测验开发的实证开发思路与理性开发思路

在情景判断测验的总体开发思路上，主要存在两种模式。一种注重测验项目与效标之间的实证关系，我们把它称之为实证开发思路。实证开发思路受 Sternberg 等人的内隐知识理论影响，在这种开发思路下，情景以及行为项目的选择、计分项目以及权重的确定一般根据项目得分与绩效标准之间的相关程度进行。实证开发思路可以较好的保证情景判断测验的效标关联效度，也能鉴别出一些在理论上可能会被忽略的有关项目和效标之间的微妙关系。但是这种非理论导向的开发思路存在很大的缺陷。首先，对内容和构思效度的相对忽视会限制它对理论形成和检验的潜在贡献；其次，根据实证数据进行调整的方式对测量的概化效度会有很大的影响，大大削落测量和研究的普遍意义，也使得效度数据会更多的特定于用于开发测验的样本（Mumford，Owens，1987；Reiter

Palmon，Connelly，2000）；此外，实证思路开发的测验效度受开发样本的代表性和用于开发的效标类型及测量影响较大，加大了测验在应用中的不确定性。

另外一种思路更加注重通过理论来指导项目的开发、选择和计分，从而保证项目的相关性、普遍性和长期预测性，称之为理性开发思路。理性开发思路通过对绩效、能力以及能力与绩效之间关系的潜在构思来指导测验的开发，然后，更多的通过专家判断编写、选择和加权项目，强调对构思的检验。理性开发思路由于能够较好地抓住绩效的先决因素，跨情景和时间的效度会大些。与实证开发思路相比，理性开发思路开发的测验更加稳定，不易受不稳定因素的影响，有更好的外推性。虽然理性开发思路更加注重理论指导，但它的缺陷也是显而易见的，测验的效度更多的依赖于测验开发者的素质，很多研究者认为理性量表的效度更多的依赖于开发者的直觉能力，更多受主观因素影响（Mumford，Owens，1987；Reiter Palmon，Connelly，2000）。

虽然在 Biodata 的研究中发现了理论导向的测验开发思路优于实证思路，但是，在情景判断测验的开发研究中，并没有支持这一结论，Weekley，Jones 对这两种思路的效度进行了比较，结果发现对于情景判断测验而言，这两种开发思路在测验的效标关联效度上并不存在显著的差异（Weekley，Jones，1999）。如何更好的利用这两种开发思路的优点，弥补彼此的弱点，提高情景判断测验的效度是非常值得进一步研究的问题。

情景特定性（Situational Specificity）研究

在很多情景测验的研究中，研究者发现情景测验的内部一致性系数往往比较低，这主要涉及情景测验中的情景特定性问题，情景特定性与情景的详细程度有着紧密的关系。在以往有关情景详细程度的比较中，很少有人使用量化的指标对情景进行分类，此外，以往研究一般都把情景特定性看成是噪音，然而，情景特定性到底是噪音变异还是构思说明差误（Specification Errors）是在诺莫网络中应该考虑的、对个人的绩效起到重要影响的部分呢？很少有研究者对这个问题进行过专门的研究，结构方程模型为我们提供了很好的方法，可以让我们较好的评价每一个情景的情景特定性水平，然后来比较到底情景特定性水平与测验效度之间是什么关系，这也可以为我们理解情景判断测验的构思效度提供依据（Bycio，Alvares，Hahn，1987；Kline，Sulsky，Rever Moriyama，2000）。

而情景认知理论为情景判断测验研究提出另外一个问题：情景测验中情景的多样性对情景测验的效度起到了什么样的影响？在过去很多情景判断测验开发都是围绕特定的构思收集关键事件，然后，根据构思由被试问题专家对情景项目进行 Q 分类；对存在下来的情景进行一致性分析或因素分析得到“同质的情景项目集”（Hogan，1995），从而抓住更加精细的构思。这种对情景之间同质性的追求到底对情景测验的效度起到什么影响还是一个值得深入研究的问题（Weekley，Jones，1999）。

第 4 章　情景判断测验的信度与效度

在以往有关情景判断测验的实证研究以及综述研究中，作为人事选拔与评价测量工具，测量参数显然是研究者最为关注的方面，因此，在绝大部分的研究中，都涉及了情景判断测验的信度和效度问题（Greenwood，McNamara，1967；Weekley，Jones，1999；McDaniel，et al，2001）。在早期，有关情景判断测验的测量性质研究结果往往是令人困惑的，File，Remmer（1971）的回顾发现了一些支持情景判断测验效度的实证研究证据，但是，也有很多研究并没有发现情景判断测验成绩与绩效指标间的关系；Greenwood，McNamara（1967）有关情景测验信度的研究综述认为，虽然情景判断测验已经在企业得到较多的应用，但是，情景测验的信度还不稳定。也是由于这一方面的原因，1970 年至 1990 年期间，情景判断测验研究一直为研究者们忽视，相对于其他人事选拔和评价方式而言，这一期间有关情景判断测验的研究很少。

到了 1990 年以后，Motowidlo 等人的研究改变了人们对情景判断测验的理解和看法，从那以后，有关情景判断测验的研究呈现蓬勃发展态势，不管是从研究思路上，还是在情景判断测验的开发方法上，都进行了很多的探讨和研究，也都取得了较大的突破，积累了很多实证研究成果。

4.1　情景判断测验信度研究

情景判断测验的信度是研究者讨论比较多的一个主题，情景判断测验与认知测验有着很大的区别，因此，在测验信度的要求和评价上也有别于认知能力等测验形式（王重鸣，2002）。认知类测验的开发一般遵循着同质量表开发思路，测验开发过程中首先形成一个有关测验构思的理论假设，作为测验项目开发的指导。在项目的选择上，测验开发者往往会选择那些与测验总分之间存在高度相关的项目，以保证测验具有良好的内部一致性，这种基于内部同质性选择项目的方法产生的测验称之为同质量表（Ghiselli，Campbell，Zedeck，1981）。由于这种方法产生的测验更多的是基于理论基础的，同一测量构思下的每个项目都是用于反映这一个特定构思，测验项目之间如果存在较好的内部一致性，我们认为该测验对测量该构思是有一定的可靠性的。通常，这种测验的信度系数可以通过 Cronbach α 系数或折半信度来检验。

不管是从测验形式上，还是从理论上看，情景判断测验与同质量表之间存在着明显的不同，首先，情景判断测验中涉及的问题并不象同质量表一样，每一个项目都反映单一维度，情景判断测验项目存在一定的情景特定性（Bycio，Alvares，Hahn，1987；Schmidt，et al，1993），因此，情景判断测验除了测量到研究者感兴趣的构思内容以外，在某种意义上还部分的反映了个体在各种情景下的不同行为表现。其次，情景判断测验从开发思路上更加注重测验的生态效度，它在反映研究者感兴趣的构思内容外，非常关注测验情景的多样性，通过让被试经历多种不同的工作情景，来评价个体在不同情景下的行为表现。因此，对于情景判断测验而言，测验项目间的内部一致性并不能很好的反映测验的信度水平。情景判断测验的早期研究并没有很好的注意这个问题，因此，在测验信度方面也没有很好的证据支持。Motowidlo，et al（1990）发现，在他们的研究中，情景判断测验的内部一致性系数为 0.56。同时，他们也指出：情景判断测验并不是绝对的测量一个特定的构思，内部一致性系数可能不是特别适合于该种测验的信度评估，认为重测信度系数更能有效的评估情景判断测验的真实信度水平，但是，由于研究所限，他们并没有对情景判断测验的重测信度进行检验。虽然在 1990 年以后有很多有关情景判断测验方面的研究，但是，很少有研究对情景判断测验的重测信度进行检验（Borman et al，1993；Funke，Schuler，1998；MaDaniel，et al，2001）。近期，Ployhart（2002）在他的博士论文研究中，通过学生样本，对测量个性特征的情景判断测验重测信度进行了检验，从研究结果看，情景判断测验的重测信度为 0.84，为情景判断测验的信度提供了有力的支持。Ployhart 的研究在克服了内部一致性信度评价方法缺陷的基础上，通过重测信度研究对情景判断测验的信度水平进行了估计，解除了一直以来研究者对于情景判断测验信度的困惑。

从情景判断测验信度研究的总体情况来看，有关情景判断测验信度的研究还是相对较少。但目前的研究是令人鼓舞的，我们可以认为，对于与情景判断测验相似的非认知测验，在测量信度的评价方面，重测信度评价方法要优于内部一致性系数评价方法，特别是如果情景判断测验的开发采用的是实证计分方法，在这种情况下，内部一致性系数很难真实的反映测量的信度水平。

4.2 情景判断测验的效度研究

4.2.1 情景判断测验构思效度研究

情景判断测验构思效度研究如表 4-1 所示：

表 4-1 情景判断测验构思范畴的分类

构思分类及范畴	构 思	k	%
		136	100.00
知识和技能			
工作知识和技能		4	2.94
	知识关联度单元	1	
	样本判断（知识内容）	1	
	管理任务	1	
	团队角色知识	1	
应用型社会技能			
人际交往技能		17	12.5
	估计性格的能力	1	
	接触客户的有效性	1	

续　表

构思分类及范畴	构　思	k	%
	服务客户的互动性	3	
	互动能力	1	
	顾客关系	2	
	人际交往技能	3	
	谈判能力	1	
	服务情境	1	
	社会智力	2	
	与他人的工作有效性	1	
	其他（人际交往技能内容）	1	
团队工作技能		6	4.41
	团队工作	3	
	团队工作知识、技能、能力	3	
领导力		51	37.50
	行政判断能力	1	
	经理的冲突协调能力	2	
	指导能力	2	
	与人相处能力	3	
	一般的管理绩效	2	
	处理员工问题	2	
	领导力 / 监督力	4	
	管理 / 监督技能或判断力	5	
	管理情境	1	
	主管处理他人事务的行为	2	
	主管的问题	1	
	主管的工作知识	1	
	主管的剖面问卷	1	
	管理他人	5	
	其他（领导力内容）	19	
基本性格倾向		13	9.56
性格组成	责任意识、宜人性、神经质	3	

续 表

构思分类及范畴	构　思	k	%
	适应能力、所有权、主动性、团队工作、正直、工作道德规范	1	
责任意识	责任意识	7	
宜人性	宜人性	1	
神经质	神经质	1	
异质结构		45	33.09

情景判断测验与认知能力测验间的关系

研究者对情景判断测验与认知能力测验间关系的兴趣主要来自于两个方面。第一个方面出自于情景判断测验构思效度的考虑，虽然情景判断测验和认知能力测验同属工作绩效的预测指标，但是，一些研究者认为情景判断测验无非是测量了个体的一般认知能力。认知能力测验通常被认为是工作绩效最有效的预测指标之一，认知能力测验得分与工作绩效之间存在很强的相关（Schmidt，Hunter，1998），因此，持这种观点的研究者认为情景判断测验的效度来自于认知能力测验与绩效间的关系。为此，情景判断测验与认知能力测验之间的相关以及情景判断测验相对于认知能力测验的增量效度研究并成了很多研究者感兴趣的焦点。Weekley 等人在两个研究中发现情景判断测验和认知能力测验之间的相关分别为 0.42 和 0.48，虽然两者之间存在高相关，但情景判断测验还表现出了认知能力测验外的增量效度（Weekley，Jones，1999）。这些证据表明了情景判断测验虽然与认知能力测验之间存在中等程度相关，但是，情景判断测验并非只是测量了个体的一般认知能力。第二个方面则与影响个体在情景判断测验得分的前因变量研究有关。McDaniel 等人在元分析发现：在 54 个相关数据中，情景判断测验与认知能力测验之间的总体相关为 0.46，其中情景问题为笼统问题的情景判断测验与认知能力测验之间的相关要高于具体问题的情景判断测验（McDaniel，et al，2001）。此外，研究也发现纸笔情景判断测验与认知能力测验之间的相关要高于基于视频的情景判断测验，这与不同类型的情景判断测验对阅读理解能力要求更高有关（Chan，Schmitt，1997）。这些证据表明情景判断测验得分部分地受到个体认知能力的影响。

情景判断测验与个性测验间的关系

情景判断测验中的测验项目都是由实际工作相关的情景组成，在测验项目内容上主要涉及人际关系、判断决策和问题解决等两难问题，而这些都与个体的个性特征有紧密的联系，很多心理学家希望通过研究情景判断测验与个性测验之间的关系来理解和评价它测量的构思。Mullins，Schmitt 通过这一方面的研究发现情景判断测验与“大五”个性测验中的责任意识和合群相容性因素之间存在高相关，相关系数分别为 0.26 和 0.22（Mullins，Schmitt，1998）。Smith，McDaniel 的研究发现情景判断测验与责任意识间的相关达到 0.32，与外向性之间的相关为 0.22，但与合群相容性之间并不存在显著相关。这些研究以及 Clevenger 等人最近的研究都有充分的证据表明：情景判断测验与个性中的重要成分——责任意识之间存在紧密相关，而责任意识是个性构思中与工作绩效相关最紧密的一个因素（Barrick，Mount，1991）。因而，有些研究者认为情景判断测验的效度可能部分来自于它与责任意识之间的这种关系，为理解情景判断测验的测量构思提供了一些理论上的支持。

情景判断测验与工作经验测量间的关系

情景判断测验与工作经验测量之间相关也是一个很值得关注的问题。管理者内隐知识的形成与工作经历之间有着非常大的关系（Quinones，Ford，Teachout，1995），工作经验测量也往往被看成是内隐知识的一个较好的评价指标。同样，在以往的研究中，有很多研究者认为情景判断测验可能测量的是个体的内隐知识，如 McDaniel，Sternberg 等人都认为情景判断测验是内隐知识评价的有效方法，也有利于人们对内隐知识的理解（Motowidlo，Dunnette，Carter，1990；Sternberg，et al，1995；Weekley，Jones，1999；McDaniel，et al，2001）。Wagner，Sternberg（1991）发布的管理者内隐知识库（Tacit Knowledge Inventory，TKIM），采用的也都是情景判断测验的形式，用来对个体的内隐知识进行评价。以往一些研究者发现情景判断测验与工作经验测验之间存在显著相关（McDaniel，1998；Weekley，Jones，1999；Clevenger，et al，2001），如 McDaniel 在 1998 年的一个研究中发现情景判断测验与年龄及工作经验之间存在着很大的相关，因此，他认为情景判断测验测量与个体从工作及生活经历中所形成的工作知识及技能相关。有关情景判断测验与工作经验测量之间关系研究还相对比较少，情景判断测验与工作经验测量之间的关系及工作经验测量本身都值得进一步深入研究（杨正宇，金杨华，2002）。

图 4-1　Weekley 等提出的情景判断测验诺莫网络构思图

近期 Weekley，Ployhart 等的研究提出了情景判断测验的诺莫网络模型，如图 4-1 所示。他们认为情景判断测验受到个体工作经验、认知能力和个性特征等前因变量的共同影响，在思路上更多地反映了人职组织匹配思路从而对个体的工作绩效发生作用，提出对情景判断测验诺莫构思的理解有利于增加我们对情景判断测验的理解，也可以为进一步研究提供理论支持（Weekley，Ployhart，2001；金杨华，王重鸣，2001）。

根据 Weekley，Ployhart 的观点，管理者在情景判断测验中的表现取决于个体对情景问题的知觉、在以往工作中对类似情景的处理经验等等。此外，个体的个性特征和价值取向也会对情景判断测验产生影响。

情景判断测验与其他测验方法之间的关系研究为理解情景判断测验的本质以及所测量的构思提供了一些的依据。

构思效度的观点

虽然已经有很多的数据表明情景判断测验具有很好的效标关联效度，但是，情景判断测验为什么有效，它到底测量了什么？这个问题还一直困扰着研究者，对于这个问题的理解也存在着很多的分歧。Wagner，Sternberg，et al（1985）认为情景判断测验测量了个体的内隐知识，这种“内隐知识”只有在工作相关情景中才能够较好的捕捉到，而情景判断测验由于存在情景性和工作相关性等特征，是个体内隐知识很好的测量手段。基于内隐知识理论，他们认为情景判断测验测量到的是单一构思——内隐知识。

同样认为情景判断测验测量的是工作相关知识的研究者还包括 Motowidlo，Schmidt，Hunter，Pereira 等，Motowidlo，et al（1999）认为情景判断测验测量的更多是工作知识。在这种观点的基础上，Clevenger，Pereira 提出了情景判断测验测量构思的两维模型，认为情景判断测验测量了个体的周边知识（Contextual Knowledge）和任务知识（Task Knowledge）。他们认为与工作绩效概念相似，工作知识也可以分为周边知识和任务知识两个方面（Borman，Motowidlo，1993），周边知识可以定义为工作中所期望的（包括规范、价值观、目标等）以及社会情景中所要求的信息，而任务知识则更多的与工作中熟练掌握方法、技术和原则等有关。

另一种观点则以 Chan，Schmitt 等人为代表，他们认为决定个体工作绩效的因素是多方面的，因而，预测个体工作绩效的能力结构也应该是多维度的。而个体在解决某一个特定的情景问题时，需要涉及多方面的能力和个体特征，其中包括责任意识、服务取向、人际技能等等。在此基础上，他们指出情景判断测验测量应该是多维构思。Bycio 等人有关评价中心的验证因素分析研究以及 Chan，Schmitt 等人有关情景判断测验的验证性因素分析研究都表明多维构思模型比单一模型在数据拟合上更好，支持了评价中心中的各类测验测量多维构思的假设（Bycio，Alvares，Hahn，1987；Chan，Schmitt，1997）。

在近期，也有一些研究者对构思导向的情景判断测验开发方式进行了研究，他们认为情景判断测验与结构化面试一样，更多的是一种测量方法，它可以用来测量各种不同的构思维度，持有这种观点的研究者认为以往的相关研究过多关注效标关联效度，对情景判断测验构思效度的探究不够。因此，存在着一些不足：首先，难以确定情景判断测验是否可以适用于开发样本以外的其他背景、职位以及预测不同的效标；其次，会增加我们理解情景判断测验效度影响因素的难度；再次，情景判断测验的概化效度会受到影响，从个体自传式数据（Biodata）研究来看，理论导向开发的测验比非理论导向开发的测验具有更高的效标关联效度和交叉效度（Reiter-Palmon，Connelly，2000）；最后，非构思导向的情景判断测验难以增进对预测指标与效标间关系的理解，同时也难以对工作绩效理论作出大的贡献。但是，构思导向的情景判断测验开发方法则可以较好的克服这些不足（Ployhart，Ryan，2000；McDaniel，Nguyen，2001）。Ployhart，Ryan（2000）为服务部门开发了一套测量个性构思的情景判断测验，他们的研究发现，构思导向的情景判断测验具有较好的效标关联效度和聚合效度。

有关情景判断测验的构思效度还有很多研究值得进一步探讨，结构方程模型为我们了解情景判断测验的构思效度提供了很好的思路和方法，使我们能够进一步去研究一些影响情景判断测验构思效度的因素。

4.2.2 效标关联效度研究

情景判断测验效度证据

效标关联效度是情景判断测验的一个重要参数，因此，效标关联效度无疑是以往情景判断测验中的焦点问题。以往的研究和实践表明：情景判断测验具有很好的效标关联效度和生态效度，是一种行之有效的测评工具，它可以较好的预测个体现在和将来的工作表现。Motowidlo 等人以理性思路开发的纸笔式管理判断情景测验相对于人际效能、问题解决效能和沟通效能等几种绩效评价指标的效度在 0.28 到 0.37（Motowidlo，Dunnette，Carter，1990）。在 Motowidlo，Tippins（1993）的同时效度研究中，发现了 0.28 的效标关联效度，而预测效度研究中情景判断测验的效度为 0.25。Pulako，Schmitt（1996）进行的同时效度研究中发现：相对于两类效标而言，情景判断测验的效度分别为 0.20 和 0.14。Borman 等人为军队服务开发了困难情景的管理判断情景测验，在军队 570 个新任主管的研究中发现情景测验得分与上级的绩效评定之间的相关达到 0.22（Borman et al，1993）。Weekley，Jones 在 1997 年对基于视频的情景判断测验进行了研究，在一千多名兼职服务工人的研究中发现，在交叉效度验证中，情景判断测验的效度在 0.20 以上；此外，他们通过对服务部门在职人员的大样本调查，发现纸笔式情景判断测验与总体绩效之间的相关为 0.19（Weekley & Jones，1999）。Smith，McDaniel 开发的实证计分的情景判断测验，在多种工作职位中，这种情景判断测验相对于绩效的效度在 0.30 左右。在内隐知识的研究中，情景判断测验也是经常被采用的一种评价内隐知识的方法，Sternberg，Wagner 等人在他们的研究中发现管理判断情景测验得分与多项效标之间存在 0.20–0.40

的相关。此外，在 Clevenger 等人的实证研究也表明了情景判断测验有较高的效标关联效度（Weekley, Jones, 1997, 1999; Clevenger et al, 2001）。

在以往研究的基础上，McDaniel 等人进行了情景判断测验对工作绩效预测效度的元分析分类研究。结果发现情景判断测验估计的总体效度为 0.34，并且，在 90% 位置信区间内效标关联效度系数皆为正值，这一结果表明情景判断测验具有很好的效标关联效度和较好的概化效度。这些证据表明情景判断测验可以与人事评价与选拔中的很多指标相媲美。

表 4-2 在绩效提高方面关于情景判断测验构思领域的效标关联效度

					95%CI			95%CI		
构思分类及范畴	k	N	M_r	M_ρ	L	U	$SE_{M\rho}$	L	U	SD_ρ
周边绩效										
知识和技能										
工作知识和技能	1	83	0.27	-	-	-	-	-	-	-
应用型社会技能										
人际交往技能	3	1, 364	0.17	0.21	0.04	0.39	0.09	0.02	0.40	0.15
团队合作技能	6	573	0.27	0.35	0.23	0.47	0.06	0.24	0.46	0.09
领导力	5	3, 034	0.19	0.24	0.18	0.31	0.03	0.17	0.32	0.06
异质结构	8	2, 387	0.14	0.19	0.12	0.25	0.03	0.12	0.25	0.05
任务绩效										
知识和技能										
工作知识和技能	1	82	0.39	-	-	-	-	-	-	-
应用型社会技能										
人际交往技能	6	1, 818	0.19	0.25	0.14	0.36	0.06	0.10	0.40	0.12
团队合作技能	3	232	0.39	0.50	0.32	0.68	0.09	0.36	0.64	0.11
领导力	9	4, 039	0.17	0.21	0.15	0.28	0.03	0.10	0.33	0.09
基本性格倾向										
性格组成	3	316	0.33	0.45	0.31	0.60	0.07	0.37	0.53	0.12
责任意识	3	268	0.30	0.39	0.28	0.49	0.05	-	-	0.00
异质结构	19	5, 416	0.21	0.27	0.21	0.33	0.03	0.13	0.41	0.11

续 表

构思分类及范畴	k	N	M_r	M_ρ	95%CI L	95%CI U	$SE_{M\rho}$	95%CI L	95%CI U	SD_ρ
管理绩效										
知识和技能										
工作知识和技能	2	931	0.19	0.23	0.13	0.34	0.06	0.16	0.31	0.06
应用型社会技能										
人际交往技能	2	297	0.29	0.36	0.21	0.51	0.08	0.29	0.43	0.06
领导力	17	3，769	0.24	0.29	0.24	0.35	0.03	0.17	0.41	0.09
基本性格倾向										
责任意识	2	174	0.05	0.06	0.00	0.12	0.03	–	–	0.00
异质结构	5	1，282	0.10	0.12	0.08	0.16	0.02	–	–	0.00

情景判断测验效标关联效度影响因素研究

情景判断测验开发过程中，情景项目的选择方法可以分为关注内部一致性的同质量表开发方法、关注与其他预测指标相关的构思效度方法和关注效标关联效度的实证项目选择方法。这些方法选择情景项目的标准分别如下：

（1）内部一致性项目选择方法。在这种方法下，选择那些项目——总体间相关最高的情景项目，或者是根据情景判断测验中各子测验的内部一致性选择情景项目的去留；

（2）实证项目选择方法。这种方法强调选择那些与效标之间相关最高的情景项目，从而保证测验的效标关联性；

（3）基于构思效度的项目选择方法。这种方法选择那些与其他预测指标间相关最高的情景项目。

有关情景项目选择方法以及它们对测验效度影响的研究相对较少，但还是有一些实证的证据。近期 Waugh 在美国军队一个有关情景判断测验的实证研究中发现，基于情景项目与效标之间相关的实证方法开发的情景判断测验，虽然在交叉效度验证中，由于受开发思路的影响，测验的效标关联效度会有一定程度的缩水，但是，总的来说，这种情景项目选择方式具有更高的效标关联效度。

为了探究影响情景判断测验效度的一些缓冲因素，McDaniel，et al（2001）对以往的情景判断测验研究进行了元分析，在他们的元分析中引入了四个缓冲变量对测验的效度进行了分类比较。如表 4-3 所示为研究结果，从结果可以看出，工作分析对情景判断测验的影响很大，基于工作分析的情景判断测验效度要明显高于非基于工作分析的情景判断测验。工作分析，特别是工作分析中关键事件技术的应用，可以较好的提高情景判断测验的效度。同样，从研究性质看，同时效度研究中情景判断测验的效度要高于预测效度研究，而情景问题的具体化程度等对情景判断测验的效度影响不大。

表 4-3　情景判断测验的效度分类研究结果

分类标准	效度研究类型	效度系数
工作分析	基于工作分析	0.38
	非基于工作分析	0.29
情景类别	笼统的情景问题	0.35
	具体的情景问题	0.33
研究性质	同时效度研究	0.35
	预测效度研究	0.18

4.2.3　情景判断测验增量效度研究

组织中的人事选拔和评价往往采用多种方法的组合。不同评价方法之间组合的整体效度来源是研究和实践中关心的一个重要的方面。作为评价和选拔方法及指标，必须具有自身的独特性，能够测量到其他指标无法测量到的、但又与个体工作绩效密切相关的成分，也就是说，这一指标必须能够解释除其他预测指标解释的变异以外的一部分工作绩效变异，这样，多种选拔和评价方法的组合才有意义，而作为预测指标本身也才有它存在的价值。这方面的研究主要通过预测指标的增量效度研究来获取信息。增量效度的研究还可以帮助我们理解测验的内容，增加测验构思效度方面的信息。

有关情景判断测验的增量效度研究相对比较少，但 Weekley、Jones 以及 Clevenger 等人的研究为我们提供了一些有关情景判断测验增量效度的证据。Weekley，Jones 研究了认知能力、工作经验和情景判断测验对工作绩效的预测力，同时，也研究了当认知能力和工作经验都进入回归方程后情景判断测验的增量效度。Weekley，Jones 发现他们开发的三种不同的情景判断测验相对与其他预测指标的增量效度为 0.025、0.057 和 0.096（Weekley，Jones，1997）。此外，在他们继后的两个研究中的层次回归分析中，情景判断测验进入回归方程后多重决定系数的增量为 0.033 和 0.011（Weekley，Jones，1999）。Clevenger 等人通过三个独立样本研究发现，情景判断测验在两个样本中都表现出了显著的增量效度，分别为 0.026 和 0.016，在第三个样本中，虽然增量效度在统计上没有达到显著水平，也存在较高的增量效度。以往的研究都表明情景判断测验有很好的增量效度，它能够测量到其他测量工具无法捕捉到的一些内容，是人事评价和选拔中的重要预测手段。

第 5 章　情景判断的方法研究模型

5.1　情景评价测验开发技术与理论基础

5.1.1　情景认知理论

就有关情景评价测验的信度效度研究而言，以往研究都发现，情景评价测验中由于情景特定性因素的存在，测验很难达到象其他类型测验那样的内部一致性要求。但是，对于情景评价测验的效标关联效度，已经得到了很多实证研究的支持。为什么情景评价测验的内部一致性低，但是不会影响情景评价测验的效标关联效度呢？对于这一方面的研究相对比较少，并没有很好的理论来回答这个问题。1990 年教育研究领域中情景认知理论（Situated Cognition Theory）的兴起，为情景评价测验提供了重要的理论支持。

在以往的测评方法中，大多遵循信息加工范式（Information Processing Paradigm），信息加工范式更多地把研究的注意力集中在分离背景独立信息上，这种范式把个体在情景间的绩效变异都看成是“噪音”，认为个体的能力主要体现在把与实际工作情景独立的知识应用到特定情景中去；而情景认知范式则认为如果要很好地评价个体的管理胜任能力，在评价情景中应该包含更多的社会性成分（Roth，1998；Boreham，Samury，1999），这种范式把个体在情景间的变异更多地看出是一种积极的因素，期望个体在面对不同的社会和背景情景时，反应是变化的，是适应性的。这与现代个体差异理论研究的内容比较一致，在 Schunn，Reder 的研究中，他们认为个体间的差异更多的来自于对情景及策略的适应性维度（Schunn，Reder，2001）。从总体上看，情景认知范式强调胜任特征评价中应包含更多的关键社会情景信息成分，从工作情景中去理解和评价个体在跨情景下工作表现上的差异。这样的评价工具会具有更高的生态效度（Roth，1998）。

5.1.2 关键事件技术

关键事件技术（Critical Incident Technique）是在第二次世界大战期间，在美国空军研究项目基础上成熟起来的一种重要的行为事件研究方法，它由一套收集能直接观察行为的程序组成，1940年，关键事件技术曾被作为空军飞行员选拔和评价的一种重要手段（Flanagan，1954）。Flanagan等指出，作为关键事件：首先，它本身必须具有一定的完整性，从而可以推论和预测个体在事件中的行动；其次，这一事件必须具有明确的意图和目标，事件的结果可以被观察；最后，关键事件应该是对个体的工作表现有重要影响的。通过几十年的实践，关键事件已经有了很大的发展，行为事件访谈（Behavioral Event Interview）等为关键事件技术提供了新的手段。

目前，有关情景评价测验的研究中，关键事件技术是经常被采纳的一种重要手段（Motowidlo，Dunnette，Carter，1990；Chan，Schmitt，1997；Clevenger，et al，2001），通过基于关键事件技术的工作分析可以提高情景评价测验的针对性及测评效度（McDaniel，et al，2001）。

5.1.3 特征激活理论

Haaland，Christiansen（2002）根据评价中心低特征聚合效度的现象提出了特征激活理论（Trait-Activation Theory）。特征激活理论认为相对于某个特征而言，不同的情景方式具有不同的特征激活潜能。所谓特征激活潜能是指在一个给定情景中观察特征相关行为的能力（Tett，Guterman，2000）。如果在一种情景下，不同的特征关联行为越能被观测到，就说这种情景的特征激活潜能越高。Tett，Guterman等认为是否有机会在某一种情境下观测到有关某一特质相关行为的差异，主要取决于情景的工作关联性。

特征激活理论把注意力集中在特征相关的行为差异是否可能被观测

到上。为情景评价测验的情景设计提供了良好的理论支持，怎样开发具有高特征激活潜能的情景是情景评价测验开发中非常重要的方面。只有当情景评价测验中的情景具有高特征激活潜能时，才能具有更好的测验效度。

5.2 情景判断测验及发展

5.2.1 现代情景判断测验的发展历程

虽然情景测验的思想我国古代就有很多的论述，但情景判断测验作为正式的人才测评方法，则是起源于美国。情景判断测验的雏形可以追溯到 1920 年美国的乔治华盛顿社会智力测验中的一个子测验——社会情景判断（Social Judgment Test），它包括很多社会情景相关的项目，每个情景下又包含多重选项，要求受试者选出其中唯一的正确答案。这个子测验要求个体“有敏锐的判断能力、对人类动机的深刻理解来对测验题目作出正确回答”。虽然 Thorndike，Stein，et al（1937）等对这种测验提出过批评，认为它的得分与其他假定测量社会特征的测验得分之间的相关很低，而与抽象智力测验却相关很高，应该属于一般智力测验的范畴。但是，情景判断测验作为一种新的测验形式，还是得到了认可，并开始流行，特别是到了第二次世界大战期间，军队心理学家开发了由一系列军队相关情景组成的判断测验来评价士兵的判断能力（Northrop，1989）。这种测验带有多个行为选项，解决方案的选择和判断主要依赖于个体通过自身的常识、经验和一般知识，而不是逻辑推理，从而有别于一般的智力测验或认知能力测验。第二次世界大战中对人员选拔提出的要求极大地推动了情景判断测验的研究和应用。

到了 1940 年以后，随着关键事件技术的发展，情景评价研究和开发有了很大的进展（Flanagan，1954）。企业中也开发了很多情景评价测验用于测验企业管理人员的潜能。其中包括 Cardall 的实践判断测验（Practical Judgment Test）、How Supervise ?（File，1945），以及 Bruce（1965）的商业判断测验（Business Judgment Test）等，同时，File，

Remmer, et al（1971）的一些研究也开始寻求 How Supervise？情景判断测验的实证效度，并取得过有力的支持。而 Cardall 等通过实践判断测验研究，认为实践判断测量到的是一个独立于智力和学术背景的独特因素。到了 20 世纪 50 年代后期、60 年代早期，情景判断测验成为了大型组织用于预测管理者潜能测验的组成部分，其中包括杜邦公司和标准石油公司等（McDaniel, et al, 2001）。在这一阶段最典型的一个测验是领导评价和发展量表（Leadership Evaluation Development Scale, LEADS），领导评价和发展量表是在 Mowry, et al（1957）开发的主管问题测验（Supervisory Problems Test）基础上衍生而来的有效评价工具。LEADS 由八个人际关系情景构成，每个情景有多个选项，通过管理者对这些情景的判断，对管理者的能力作出评价。

但是，在这一阶段，情景判断测验在企业和政府部门中的应用虽然有所增加，但对它的理论基础以及信度、效度研究相对比较少。同时，一些研究者也发现，情景判断测验的信度和效度不太稳定，特别是在测验信度上，情景判断测验的信度水平往往比较低（Greenwood, McNamara, 1967）。

到了 1970 年以后，智力理论、测量理论和方法有了很大的进展，其中包括 McClellend 等人胜任能力（Competence）概念的提出、Sternberg, Wagner 等人的内隐知识（Tacit Knowledge）理论以及心理测验与评价中的情景认知理论（Situated Cognition Theory）等等。在这些理论的影响下，1990 年，Motowidlo 把情景判断测验作为“低度仿真测验”重新引入，使得情景判断测验的开发思路与方法、测验的效度研究等方面都有了较大的突破，为情景判断测验的进一步研究和广泛应用奠定了基础。

5.2.2 情景判断测验的特征

经常与情景判断测验一起比较讨论的测验形式是认知能力测验。认知能力测验是在人事选拔和评价领域应用得最多，也是效度较好的一种测评方法。我国公务员考试中应用的行政职业能力绝大部分属于认知能力测验试题，主要用于评价考生在判断，数量和图形推理等方面的能力。但是，从以往的研究和实践来看，认知能力测验存在着很多的弱点，其中主要包括三个方面：首先，认知能力测验的不利影响（Adverse Impact）较大、测验的公正性受到一定的影响；其次，有些研究认为，随着个体工作经验的增加，认知能力测验对工作绩效的预测力有降低的趋势，也就是说认知能力测验对具有高工作经验的高层管理人员的预测力比较低，这样，也会在某种程度上影响认知能力测验的公正性；最后，认知能力测验的表面效度较低，被试对测验的接受度不高，会影响被试参与测验的积极性以及接收测验后的反应，从而影响到认知能力测验在选拔和评价中应用的效果。为了能够找到不利影响低、效度高、又能预测高层管理人员工作绩效的评价方法，很多研究者进行了很多的探索，其中具有很高表面效度的情景判断测验被认为是最有前途的一种测验。从测验的方法上看，情景判断测验具有以下几个方面的特征：

（1）低度仿真性。情景判断测验是一种低度仿真模拟测验。测验所包含的情景试题都是实际管理工作情景的提取和概括，能够较好的模拟大量工作中可能会遇到的情景问题。此外，情景判断测验只要求被试对各个情景下的选项作出选择和判断，测验比较客观和简洁，而不是象角色扮演或工作样本测验这样的高度仿真模拟测验，高度仿真模拟测验是通过直接观察和评价应聘者在情景下的行为反应来评价能力。

（2）情景多样性。情景判断测验的另外一个重要特征是情景多样性，情景判断测验的主体部分都是由一系列工作相关情景组成，通过为被试提供一定的情景背景信息，诱发被试的行为反应，从而对被试的综合能力水平作出评价。一般而言，情景判断测验中都会包含很多不同类型的情景试题，而这些情景试题都是与被试实际工作中的绩效表现有着密切联系的。

（3）工作关联性。情景判断测验的开发思路和程序保证了测验中的情景都是实际工作中的典型情景，而情景下的行为选项都是实际工作中的典型行为反应，因此，情景判断测验是工作关联性非常高的测验方法，这也是为什么情景判断测验会有很好的表面效度和内容效度，情景判断测验能为被试所普遍接受的一个重要原因。

作为人事选拔和评价工具，情景判断测验有其独特性和很多的优势，这些优势与上述提到的情景判断测验特征有着紧密联系。与认知能力测验等传统纸笔测验相比，情景判断测验具有以下几个方面的优势：

（1）情景判断测验具有很好的公平性

测验的公平性是目前人事选拔与测评研究非常关注的问题。美国的平等就业机会法案（Equal Opportunities Guidelines for Best Test Practice in the Use of Personnel Psychology）以法律的形式对测验内容及程序等方面的公平性提出了严格的要求。从以往的研究来看，认知能力测验虽然有较好的效标关联效度，但是，在测验的公平性上，受到了很多的挑战，很多的实证比较研究都发现认知能力测验存在很大的不利影响（Adverse Impact）。在我国的人事选拔与评价实践中，也越来越注重对测验公平性的关注，这一点首先体现在我国党政领导干部公开选拔实践中，我国在新颁布的《党政领导干部选拔任用工作条例》中，把“公开、平等、竞争、择优”作为选拔任用党政领导干部的重要原则之一（2002 年 7 月 9 日），因此，测验内容本身的公平性，是非常值得注意的一个问题。以往研究表明：与认知能力测验等传统测验相比，情景判断测验具有很好的公平性，在不同人群间的不利影响小，也就是说，情景判断测验得分的人群间差异要小于其他类型的能力测验（包括认知能力测验）。例如，Motowidlo，et al（1990）发现在两个不同样本的研究中，美籍非洲人与白种人之间的标准化平均得分差异为 0.14 和 0.29。在 Pulakos，Schmitt（1996）报告中也指出美籍非洲人与白种人之间的平均标准化得分差异为 0.41、美籍西班牙人和白种人之间的差异为 0.02。Motowidlo，Tippins（1993）的研究发现：美籍非洲人与白种人之间平均得分的差异大约在 0.33 标准差，而绝大部分的研究表明认知能力测验在不同种族人群间的差异在 1.0 标准差以上。

（2）情景判断测验具有很好的表面效度

情景判断测验被认为具有非常高的表面效度（Motowidlo et al，1990），很多的应聘者认为情景判断测验更能够测验真实的工作能力，也是更为适合的选拔程序。情景判断测验项目的开发过程保证了项目内容与实际工作情景的一致性。

Smither，Reilly，et al（1993）在受测者对测验程序的反应研究中，发现受测者对情景测验的预测效度及表面效度知觉要远高于个性测验和认知能力测验等。此外，情景判断测验的表面效度能够提高被试参加测验的积极性以及对测验结果的正面反应和评价（Bauer，Maertz，Dolen，

Campion，1998；Ployhart，Ryan，2000；Smither，et al，1993）。这些表面效度知觉和积极的受试者反应对被试参与测试动机以及亚群体间的得分差异有着一定的影响。（Chan，Schmitt，De Shon，Clause，Delbridge，1997）。

（3）情景判断测验具有较好的效标关联效度

在以往的实证研究中发现，情景判断测验具有很好的效标关联效度。在近期，McDaniel 等人对以往的实证研究进行了总结，元分析结果发现，通过范围限制和效标不稳定校正后，情景判断测验的效度是 0.34，这可以与工业组织心理学领域在人事选拔情景中最佳的预测指标相媲美。

此外，情景判断测验作为一种“低仿真模拟”测验，与无领导小组讨论（Leaderless Group Discussion）、角色扮演（Role Play Simulation）、结构化面试（Structured Interview）等“高仿真模拟”测验相比，测验开发成本较低，评分也比较客观。高仿真模拟测验一般通过现场观察考生的行为表现来对他们的能力进行评价，在测验管理和计分上就比较复杂、实施成本也相对较高。第一，这些高度仿真测验不适宜进行大规模测试，测验所花费的时间要远多于情景判断测验。第二，在测验的客观性上，情景判断测验在开发过程中虽然要求进行专家或被试问题专家判断，但是，在测验实施过程中，除了主试要对指导语进行解释以外，并不需要专家小组进行现场观察和评判，而无领导小组讨论、结构化面试等高仿真模拟测验则需要专家小组在测验过程中进行观测和评判，因此，情景判断测验的计分要比高仿真测验更加客观。从总体上看，在实施难度、成本等方面，与无领导小组讨论和结构化面试相比，情景判断测验存在一定的优势。

5.3　情景评价测验研究进展及值得进一步研究的问题

5.3.1　情景评价及情景判断测验的研究进展和总结

在研究文献综述的基础上，我们对以往情景评价及情景判断测验的研究状况和研究进展进行了总结。从总体上看，在1990年以来在情景评价测验研究方面取得了很大的进展，主要体现在以下几个方面：

（1）对情景判断测验的测量属性进行了实证的检验

情景判断测验作为人事选拔与评价的一种非常具有潜力的测验方法，对于它的测量属性以往研究进行了很多的检验（Motowidlo，Dunnette，Carter，1990；Weekley，Jones，1997；Schmitt，Chan，1997；Weekley，Jones，1999；Clevenger et al，2001；Ployhart，Ryan，2000），这些研究为情景判断测验的信度和效度提供了很多的实证支持。这些研究从几个不同方面消除了以往对情景判断测验的信度及其效度方面的疑虑，通过重测信度研究，对情景判断测验的信度水平进行了检验，并提出内部一致性信度评价方法在运用于情景评价时的局限性和值得注意的一些问题；通过情景判断测验的效标关联效度研究，积累了很多的效度证据；而Clevenger，et al（2001）关于情景判断测验增量效度的研究发现情景判断测验有相对于认知能力测验的增量效度，是人事选拔与评价中非常具有价值的测验形式。

（2）明确了情景判断测验的特点所在和开发程序

从情景判断测验的研究和论述来看，它主要包括低度仿真性、工作关联性和情景多样性等特征。以往研究已经表明与认知能力等测验相比，情景判断测验具有低不利影响和高测验公平性（Motowidlo et al，1990；Pulakos，Schmitt，1996）；Chan，Schmitt等人的研究则支持了情景判断测验具有高表面效度（Chan，Schmitt，DeShon，Clause，Delbridge，1997；Ployhart，Ryan，2000；Smither，et al，1993）；而情景判断测验的高绩效关联性则得到了更多研究的支持。由于工作关联性是情景判断测验的一个关键特征，也正因为如此，为情景判断测验的开发带来了复杂性和难度。以往研究基本上确立了情景判断测验的标准开发程序，认为情景判断测验的开发过程主要包括关键事件调查、情景试题编写、项目形成和权重确定几个部分。并对情景判断测验开发过程的一些关键技术问题进行了充分的探讨，为保证情景判断测验的效度提供了技术支持。

（3）从情景评价测验方法研究向更多关注测量构思倾斜

情景评价测验的构思效度是目前研究中比较薄弱的一个方面，在以往研究中进行了很多的探讨。就情景判断测验而言，情景判断测验与认知能力测验、个性测验以及工作经验测量之间均存在一定程度的相关。Weekley 等在情景判断测验的诺莫网络构思验证中则更多的把个性特征、工作经验以及认知能力看出是影响情景判断测验得分的前因变量，认为管理者在情景判断测验上的得分受这些因素共同影响。

在情景判断测验构思效度的争论中，最多的是关于情景判断测验到底是测量了 Sternberg 等提出的内隐知识单一构思，还是测量了多维构思这一点。从目前的研究来看，更多的研究者支持情景判断测验测量了多维构思的观点。

在最新的人事选拔与评价研究中，随着研究思路的变迁，越来越多的研究者更加开始关注测验所测量的构思。Hollenbeck，et al（2003）等提出在目前人事选拔的研究趋势中，非常重要的一条是围绕构思来进行人事选拔研究，关注怎么样更好的评价有意义的构思。在这种思路的影响下，一些研究者对情景评价测验的开发和研究思路进行了重新思考，提出了构思导向的情景评价测验研究思路。这为进一步研究情景评价测验的构思效度提供了有力的方法论支持。

（4）从效标关联效度研究向效度影响因素及其增量效度研究转变

从国外有关情景评价研究来看，早期的研究更多的关注情景评价的效标关联效度，从近期看，越来越多的研究希望能够对影响情景评价测验效度的因素进行探讨，其中包括测验开发模式对效度的影响；测验呈现方式（纸笔呈现还是视频呈现）对效度的影响；以及测验的指导语形式对测验效度影响等等。McDaniel 等关于情景判断测验效度的分类元分析研究系统的对情景判断测验效度影响因素进行了总结，认为工作分析和效度研究类型对情景判断测验的效标关联效度有着重大的影响。

同时，随着研究者对情景评价测验效用的关注以及组合测验的广泛应用，对于情景判断测验增量效度的研究也取得了可喜的结果。有关情景判断测验增量效度的研究支持了情景判断测验作为人事选拔与评价测验的独特价值。

（5）逐渐开始关注情景评价研究中的过程因素和模型构建

从研究的总体情况来看，以往研究对情景评价过程的关注是不够的，除了 Chan，Schmitt 等对情景评价测验的效度知觉及其效度知觉与被试反应间的关系进行过一些探讨之外，很少有研究涉及情景评价测验的过程。此外，随着对情景评价测验测量构思的关注以及结构方程技术的发展，最近情景评价相关研究也更加关注结构方程模型的构建和比较检验。

从总体上看，1990 年以来，情景评价和情景判断测验研究取得了很大的进展，为进一步研究提出了很多新的方向和思路。

5.3.2 有待进一步研究的理论问题

虽然情景判断测验研究取得了很多的成果，但是，还存在很多的理论和实践问题值得我们进一步探讨和研究。

（1）情景判断测验效度检验和情景特定性问题

在以往研究中，研究者并没有在情景判断测验的构思效度方面达成一致意见。对于情景判断测验的构思效度以及情景判断测验效标关联效度来源问题还是一个非常需要进行深入理论探讨的问题。在文献总结部分，我们提出了目前情景判断测验构思效度检验中的新趋势，就是强调构思导向的情景判断测验研究（McDaniel，Nguyen，2001；Ployhart，Ryan，2000）。虽然在近期有研究者对构思导向的情景判断测验进行了一些研究和探讨，但是，研究内容相对比较狭窄，仅仅考察了个性特征的情景判断测验测量，没有从更广泛的胜任能力研究思路来对构思导向的情景判断测验进行效度检验。

此外，在情景判断测验构思效度研究中的一个重要问题就是情景特定性。也即情景判断测验作为人事选拔与评价工具，是方法——特征单元的组合，测验的方法效应和特征效应共同对情景判断测验得分产生影响（王重鸣，1998；Schneider，Schmitt，1992）。在以往的研究中，很少在情景判断测验的构思效度检验中考虑情景特定性问题，这也是为什么以往很多的研究没有获得情景判断测验构思效度证据的原因。在进一步的研究中，情景判断测验构思效度模型的构建以及情景判断测验中方法和特征效应的估计，将会给理解情景判断测验的构思效度带来新的影响。

（2）我国情景判断测验效标关联效度以及交叉效度检验

国外情景判断测验和研究实践中，已经积累了大量的效标关联效度证据。在国内，由于在情景判断测验研究领域起步较晚，还没有公开发表的情景判断测验效标关联效度数据。而国内对类似情景判断测验这样的情景评价方法方面的需求，使得情景判断测验效标关联效度研究成了非常迫切的课题。

（3）情景判断测验效度影响因素及其情景判断测验效度来源

由于对情景判断测验测量构思研究的忽视，影响了研究者对于情景判断测验效度来源以及效度影响因素的理解。虽然 McDaniel，et al（2001）的效度分类研究为理解情景判断测验的效度影响因素提供了一些线索，但是有关情景判断测验效度影响因素的实证研究还相当缺乏，现存的一些效度影响因素实证研究还主要停留在测验的呈现方式上，而对于情景判断测验的类型及其测验开发模式对于情景判断测验效度的影响研究还很少涉及。

（4）情景判断测验过程研究对增进情景判断测验的理解具有重要意义

从人事选拔与评价测验研究趋势来看，有一个方面是非常值得关注的，那就是越来越多的研究者开始关注受测者对测验的评价和测验过程。在情景判断测验研究中，Chan，Schmitt，Bauer 等人曾对情景判断测验的效度知觉进行过一些研究（Chan，Schmitt，DeShon，Clause，Delbridge，1997；Bauer，Maertz，Dolen，Campion，1998），但是，并没有对不同情景判断测验特征下受测者对效度的知觉进行比较。此外，有关受测者在情景判断测验中的过程相关研究在目前还是空白，并没有实证研究对受测者在情景判断测验中的判断过程进行分析。而理解受测者在情景判断测验过程中评价和判断的基础，以及对受测者解决情景判断测验中所呈现问题的策略等研究对于了解情景判断测验的效度来源和内涵是具有非常重要意义的。Newell，Simon，et al（1972，1985）有关人类问题解决的研究，为理解问题解决过程开启了一扇智慧之门，也为研究情景判断测验过程提供了理论上的支持。有关情景判断测验效度知觉比较以及情景判断测验过程的研究必将是未来研究中的一个焦点问题。

5.3.3　实证研究的主要内容与模型

基于以上文献研究成果，本文提出以下总体研究设计与构思：

（1）研究的主要目的和理论焦点

从以往的研究文献中，我们可以发现，在情景评价和情景判断测验领域还存在很多值得进一步研究的问题。以目前情景评价和情景判断测验研究领域需要解决的问题为出发点，本研究希望通过情景判断测验过程研究与模型比较检验相结合的方式，对组织人员选拔和评价实践中情景判断测验的理论问题进行比较系统的研究。在以往有关情景判断测验研究中，还没有对情景判断测验的过程，特别是被试在情景判断测验过程中是如何解决情景问题的这一方面进行探讨，本研究以 Simon，Newell 等个体问题解决策略研究为基础（Newell，Simon，1972；Simon，1979），对情景判断测验过程中的问题解决策略及其对测验得分的影响进行一些初步的探索，希望能够把握目前的研究趋势，关注情景判断测验过程。

此外，本研究还将通过实证研究方式，对情景判断测验的效度进行系统研究，包括情景判断测验的构思效度、效标关联效度和交叉效度检验。在比较研究的基础上，提出影响情景判断测验效度的因素。通过运用问题解决研究思路，对情景判断测验中的效度、被试反应过程和问题解决策略等方面进行探讨，希望能够为情景判断测验以及情景评价研究和实践提供一定的理论支持。

（2）研究的总体构思和设计

情景判断测验作为重要的人事选拔和评价技术，如果在研究上缺乏理论基础的支持，则会对理论研究贡献和自身发展产生较大的限制。在总结以往研究不足的基础上，结合近几年在情景判断测验领域的研究进展，本研究提出了三个方面的理论思路作为研究支持。

第一，构思导向的情景评价测验开发和效度检验思路。在本研究思路上，关注情景判断测验的构思和理性开发模式的检验。文献综述的研究进展总结部分，我们已经指出在情景判断测验研究领域开始从方法研究向更多关注测量构思倾斜。从人事选拔与评价研究思路变迁来看，研究者也更加关注测验所测量的构思。在这种思路的影响下，McDaniel，Ployhart，Ryan 提出了构思导向情景判断测验研究思路，这为进一步研究情景判断测验提供了有力的方法论支持。本研究认为构思导向的测验效度研究思路对情景判断测验的开发和研究具有重要的指导意义。本研究将通过情景判断测验的构思检验与测验开发模式的比较，对情景判断测验构思导向思路进行检验。

第二，采用权变观点构建管理胜任特征与工作绩效之间的适应性模型。从目前的研究结果看，虽然越来越多的研究者倾向于认为情景判断测验测量是多维构思（Chan，Schmitt，1997；McDaniel，Nguyen，2001；Ployhart，Ryan，2000），在情景判断测验的开发和研究上，也更多的倾向于构思导向的思路。但是，很少有研究对情景判断测验的测量构思内涵进行探讨和检验。本研究从管理胜任特征构思出发，对情景判断测验所测量的管理胜任特征与工作绩效之间的适应性关系进行检验。本研究认为管理胜任特征维度与绩效之间的关系并不是线性的，更多的体现了一种适应性关系，胜任特征维度与工作绩效侧面间存在不同的影响关系。

第三，测验效度研究和过程研究相结合的模式，以 Newell，Simon，et al（1972）关于人类问题解决研究为理论支持，对情景判断测验的内部过程进行探讨。

以往情景判断测验中对个体评价和判断过程的忽视，使得我们对情景判断测验效度来源的认识停留在表面层次，本研究希望以 Newell，Simon 等有关个体问题解决策略研究为基础（Newell，Simon，1972；Simon，1990；Kahneman，Tversky，1984）对情景判断测验的过程进行深入研究。Simon 等认为人类问题的解决始于对问题的表征和知觉，个体对问题的表征和知觉受到已有领域知识和工作经历的影响。在以往研究的基础上，本研究提出了管理者在情景判断测验中的三个影响因素或评价依据，分别为工作经验、相关管理知识和个性价值倾向（Weekly，Jones，1999；McDaniel，et al，2001；Weekly，Ployhart，2001）。

在人类问题解决研究中，Newell，Simon 等指出个体问题解决方法和策略主要可以分为两大类：算法和启发式方法。同时，提出了个体问题解决信息加工过程中的几条原则，认为个体所面临的任务环境结构决定着问题空间的结构，而问题空间的结构又决定着个体在问题解决中可能采取的方法和策略（Newell，Simon，1972）。本研究区分了两类情景判断测验：行为式判断测验和情景式判断测验，并根据各自的特点，提出了相应的问题解决方法假设。人类问题解决研究思路，将为理解情景判断测验内部过程提供很好的理论支持。运用问题解决理论思路，本研究提出了情景判断测验中管理者解决情景问题的三种主要策略：启发式搜索策略、行为激活策略和假设检验策略。管理者问题解决策略与情景判断测验及其工作绩效的关系是本研究的理论焦点之一。

根据上述的研究目的和理论焦点，本研究提出总体的构思框架如图 5-1 所示，本研究将从三个方面进行研究。

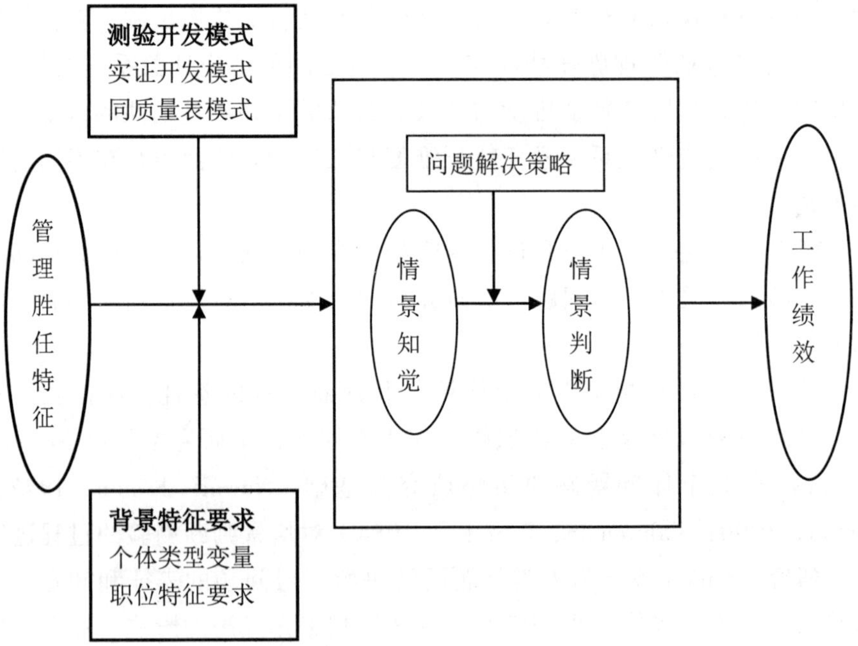

图 5-1 本研究的总体构思框架

通过情景判断测验构思效度检验研究和管理胜任特征与工作绩效维度间的关系研究，探讨情景判断测验的效度来源。同时，根据胜任能力研究思路，对胜任特征与绩效间关系相对于个体类型变量和职位特征变量的权变关系进行考察。

通过测验开发模式对情景判断测验效度影响研究和交叉效度比较检验，对实证开发模式与同质量表模式进行比较，为验证构思导向的情景判断测验思路提供实证支持。

根据目前人事选拔与评价领域的最新研究思路，关注管理者在情景判断测验过程中的问题解决策略。通过对情景式判断测验与行为式判断测验的比较，了解两种类型测验的效标关联效度来源，并对管理者在两种类型测验中的问题解决策略及其效应进行探讨。

（3）研究设计

围绕研究的总体构思框架，本研究主要分为以下几个方面：

研究一通过文献研究与半结构化访谈相结合的方法，对目前国内外有关情景判断测验研究和应用的现状进行分析，提出国内情景评价研究和应用中存在的问题；通过访谈和文献研究，对中国文化背景下管理者的胜任特征进行探讨。

研究二主要通过多方法多特征研究设计，应用结构方程技术，对情景判断测验的构思效度进行实证检验。通过对单一构思模型、多维层次模型的比较，对目前有关情景判断测验构思效度方面的争论进行比较，对情景判断测验测量构思的多维层次性进行检验；通过对单纯方法模型、单质多法模型以及多质多法模型的比较，进一步了解情景判断测验的构思特征，并对情景判断测验中的特征效应和方法效应进行估计。

研究三从探讨情景判断测验所测量的管理胜任特征与工作绩效关系角度出发，对个体特征以及职位特征对管理胜任特征要求进行比较分析，提出影响情景判断测验与工作绩效关系间的权变因素；最后，初步探索管理胜任特征与工作绩效维度间的关系模型。此外，通过分组回归分析，对情景判断测验随工作经验的预测效应模式进行了检验。

研究四采用交叉效度检验实验设计模式，主要探讨情景判断测验的同质量表开发模式和实证开发模式，通过在交叉效度检验样本中的实证检验，对不同模式以及不同计分方式对情景判断测验效度的影响进行比较分析。同时，对两种不同开发模式下效度缩水等问题进行具体的探讨，为构思导向的情景判断测验开发思路提供实证支持。

研究五以 Newell，Simon，et al（1972）人类问题解决研究为指导，注重情景判断测验的评价过程，主要比较不同情景判断测验模式下，被试解决情景问题时的策略差异。在研究设计上采用不等同对照组设计思路，通过情景判断测验平行测验开发策略，在有效控制其他无关因素影响的情况下，对情景式判断测验与行为式情景判断测验这两种情景评价进行比较。分析被试对两种测验效度及公平性知觉的差异，初步探讨被试在两种测验下的问题解决策略及其对测验得分影响，探究情景式判断测验与行为式判断测验的效度来源。

最后，在本研究的基础上，对研究结论进行总结和综合讨论，提出研究的理论和实践意义，并进一步指出情景评价测验领域未来研究方向。

实证篇

第 6 章 管理胜任能力情景判断测量的开发

6.1 情景判断测验研究目的及现状

6.1.1 研究目的

在文献综述部分，我们已经对情景判断测验相关的研究和理论进行了总体介绍，指出了在情景判断测验领域还有待进一步研究和探讨的问题。本研究的第一部分希望能够继续深入对情景判断测验的现状进行研究和分析，对于现阶段情景判断测验及情景评价方法在国内应用情况的分析和总结具有重要意义。因此，在研究设计上，本研究第一部分主要采用以往文献分析、访谈研究和现场调研相结合的方式分别从研究和实践两个方面进行研究和归纳。通过收集国外现有的情景判断测验实证研究文献，分析了情景判断测验研究中的构思效度检验以及研究所采用的效标等情况；通过访谈研究和现场调研，对目前国内情景评价方法的应用情况以及所存在的问题进行分析。

本研究的第二部分主要对中国文化背景下管理胜任特征进行探讨，在以往研究中，Sternberg，McDaniel 等诸多研究者指出情景判断测验比较适宜测量个体的内隐知识，根据这些观点，本研究首先通过文献分析和访谈研究，确定中国文化背景下管理胜任特征维度，作为情景判断测验测量的主要构思，在此基础上，简要的对本研究中情景判断测验的开发过程进行了描述。

通过上述两个部分的研究，进一步了解情景判断测验的研究和应用现状以及存在的问题，为后面的研究奠定更为坚实的基础。

6.1.2　情景判断测验现状研究

在国外，情景判断测验作为在研究和实践领域中非常具有前途的人事选拔和评价工具，在企业、军队以及政府部门的人员招聘选拔中的应用比较多。目前，有关情景判断测验的效标关联效度、情景判断测验相对于认知能力测验的增量效度等方面的研究已经表明：通过在人员招聘选拔中应用情景判断测验，不仅可以增加人员招聘和选拔的质量，而且可以极大的提高人事选拔的表面效度和应聘者对测验的积极反应。但是，从研究方面看，有关情景判断测验的测量构思、开发思路等方面的问题还有待进一步探索；同样，在实践方面，有关情景判断测验目前的应用现状，以及还存在哪些有待进一步改进的方面等，都还有待归纳和总结。我国在情景判断测验领域的研究还刚刚处于起步阶段，虽然有些省市的人才选拔与推荐中心在实践中也作一些探索，但是，情景判断测验在我国人事选拔与评价实践中仍然运用得非常少，也缺乏系统的研究。本研究采用了半结构化访谈与文献分析等相结合的方法，对情景判断测验的现状进行研究。

（1）情景判断测验以往研究文献分析

为了对情景判断测验以往研究进行回顾，本研究对 20 世纪 70 年代以来情景判断测验相关研究进行了检索，分别以“Situational Judgment”和“Situational Test”作为关键词，在管理类及工业与组织心理学类相关文献数据库进行检索，共检索到直接与情景判断测验研究相关的文献 22 篇，其中包括 14 篇相关的实证研究报告，6 篇博士学位论文，1 篇文献综述（McDaniel，Nguyen，2001）和 1 篇元分析研究（McDaniel，Morgeson， Finnegan，2001）。

在文献检索的基础上，本研究对国内能够查阅到的 18 个样本实证报告进行了具体的分析，有关情景判断测验的类型、计分以及效标关联效度等方面在 McDaniel，et al（2001）的元分析及文献综述中已经有了具体分析，本研究主要对情景判断测验目前研究状况的其它方面进行归纳，归纳主要围绕情景判断测验的研究样本、有否对测量构思进行检验，以及研究的效标选择等内容进行，具体的情况如表 6-1 所示。在归纳的基础上，对情景判断测验研究中存在的问题及体现的研究趋势进行了分析。

表 6-1 情景判断测验实证研究文献分析总结

研究	效度	研究对象	测验构思	构思检验	效标类型
Weekley，Jones（1997）					
Study1:	0.33	零售店柜员	与顾客、同事及上级关系处理方面	无	Borman，Motowidlo（1993）任务、周边绩效；上级评定
测验开发样本	0.22	零售店柜员	与顾客、同事及上级关系处理方面	无	
效度检验样本		医护新员工	责任心、成熟度、自尊、团队取向等	无	
Study2:					
FBI Applicant Booklet（1997）		FBI 雇员	计划组织、人际形象、情景适应、决策、诚信		
Weekley，Jones（1999）					
测验开发样本	0.23	零售店柜员	客户服务、同事关系	无	Borman，Motowidlo（1993）任务、周边绩效；上级评定
测验检验样本	0.16	零售店柜员	客户服务、同事关系	无	
Bess（2001）	0.29	学生	任务知识、周边知识	有，CFA	周边绩效
Lyons，Bayless，et al（2001）	0.29	联邦政府雇员	情景判断	无	培训、工作模拟、上级绩效评定
Philips（1992）		销售员工	销售技能、问题解决	无	销售业绩
Ployhart，Ryan（2000）	0.32	兼职接待	服务背景下的责任意识、开发性和外向性	旁证检验	Borman,Campbell 等任务、周边、服务绩效合成，上级评定
Waugh（2002）					
测验开发样本	0.24	军队官员	指导监督、培训支持、团队领导、下属关系、文化容忍、同事关系、问题解决	无	绩效直接上级评定
效度检验样本	0.20	军队官员		无	
Clevenger，Pereira，et al（2001）					
Study1:	0.20	联邦调查官员	计划组织、人际关系、决策、主动、适应	无	10 个维度工作绩效的上级评定
测验开发样本	0.18	交通客服人员	客户意识、组织、问题解决、沟通、知识	无	
效度检验样本	0.27	制造工程师	适应、主人翁、主动、团队工作、诚信伦理	无	
Study2:					
Motowidlo，Dunnette，Carter（1990）					
测验开发样本					
实证模式版本	0.46				
总体测验版本	0.33	外部应聘经理	问题解决技能、人际关系技能、沟通技能	无	问题解决效能、人际关系效能、沟通效能和总体效能；上级评定
效度检验样本（N=0.5）	0.34	内部晋升经理	问题解决技能、人际关系技能、沟通技能	无	
实证开发模式	0.34				
总体测验版本					
Chan，Schmitt（1997）	—	学生	工作习惯（工作承诺、质量）、人际技能（冲突解决、同理心）	有，CFA	情景判断测验作为研究的效标

从目前人事选拔与评价领域的研究趋势来看，研究者越来越关注测验所测量的构思，因此，我们首先了解了目前研究中情景判断测验所测量的构思情况。对情景判断测验测量构思的了解有利于我们分析情景判断测验更加适合测量哪些类型的构思。本研究对检索到的 18 个国外情景判断测验研究样本进行了具体分析，这 18 个样本的构成主要包括三类，第一类是政府与事业机构人员，第二类为企业应聘人员和在职雇员；第三类为学生样本。在测量的构思上，共有 9 个样本的情景判断测验包含人际胜任构思的测量，占研究样本总数的 50%；6 个研究样本中的情景判断测验包含了对问题解决构思的测量，占研究样本总数的 33% 左右。在情景判断测验研究的企业样本中，情景判断测验测量人际胜任和问题解决构思的比例显得更高。此外，以往情景判断测验研究的测量构思方面，也较多涉及个体诚信度、主动性和责任意识等方面的特征。由此可见，以往情景判断测验更多的用于测量个体在关系胜任、问题解决和诚信等方面的构思。

在近期很多的研究报告中，都提到了情景判断测验构思效度研究缺乏的问题，那么，在以往研究中，有关情景判断测验的构思效度检验情况到底如何呢？为了回答这个问题，本研究对文献进行了分类。分类主要以研究中是否对情景判断测验构思效度检验作为标准，根据这一标准，本研究发现在我们检索到的文献中，只有三个研究（Bess，2001；Chan，Schmitt，1997；Ployhart，Ryan，2000）对情景判断测验的构思效度进行了检验，其中 Bess（2001）和 Chan，et al（1997）的研究通过验证型因素分析方法对情景判断测验的测量构思进行了检验；近期 Ployhart，Ryan（2000）在对构思导向的情景判断测验进行研究时，采用了旁证问卷检验了情景判断测验的测量构思。虽然从研究趋势上看，近期对情景判断测验构思效度的关注和讨论越来越多，但从实证研究的总体情况看，在情景判断测验的实证研究中，对构思效度的检验还是相对比较缺乏。

此外，从以往文献分析中也可以发现，在情景判断测验的效标选择上，绝大部分的研究以 Borman，Motowidlo，et al（1993）的周边绩效任务绩效理论作为绩效标准，也有一些研究采用 Campbell，et al（1990）的工作绩效理论。在绩效的评价方式上，以自我评价和上级评价为主要形式。

在国外文献资料检索的基础上，本研究又对国内的文献期刊进行了检索，从万方数据库数字化期刊子系统和维普全文数据库的检索结果来看，国内在情景判断测验研究领域尚无正式发表的文献，这表明我国在情景判断测验研究方面还相当缺乏，刚刚处于起步阶段。

（2）情景评价方法国内现状访谈研究

从前面的文献研究中可以看到，在我国有关情景判断测验的研究几乎处于空白状态，有关情景判断测验的理论和开发模式等方面的研究相当缺乏。因此，对情景判断测验目前在国内的研究、应用以及前景的进一步了解是非常具有意义的。由于国内情景判断测验研究的缺乏，无法直接对情景判断测验的研究和应用现状进行调查，因此，本研究希望从更广的范围内收集各种情景评价方法的研究和应用现状。在研究方法上，由于半结构化访谈具有较强的针对性，形式上也比较灵活，能够对关注的问题进行深入追问，因此，本部分研究主要以半结构化访谈形式为主。

本研究主要对 12 家单位的人力资源管理实践者和研究者进行了访谈和实地调研，分别对情景评价方法目前的应用现状、存在的问题及其有待改进的方面进行了了解。访谈和实地调研的单位包括组织人事部门、人才评荐中心、国有企业、民营企业和外资企业，访谈和实地调研的对象具有一定的代表性。访谈和实地调研的单位主要包括甘肃省委组织部干部一处、甘肃省省直机关工委、深圳高级人才评价推荐中心、广州市委组织部企业经理人才评价推荐中心、杭州市人才市场评价部、中国银行浙江省分行人事教育处、中国广厦集团公司董事局办公室、横店集团人才委员会与人力资源部、施奈德电器（Schneider Electric）公司培训部与人力资源部、甘肃省人事厅干部培训处、浙江大学人力资源与战略发展研究中心、上海希典管理咨询公司等。

根据半结构化访谈的结果，本研究对访谈的内容进行了整理和分析，并对各种情景评价方法的实践现状及情景判断测验研究前景和意义进行了总结。

①情景评价方法的类型和作用

在本次访谈中发现，情景评价方法在国内企事业单位的外部招聘以及内部的竞争上岗、管理培训等方面都得到了不同程度的应用。从总体上看，国内人事选拔与评价领域中，采用了无领导小组讨论、公文筐测验、案例分析测验、即兴演说、情景面试、申论等情景评价方法，其中最多采用的情景评价方法是公文筐测验、情景面试和案例材料分析，在所访谈的很多企业及其人才市场的实践中，都采用了公文筐测验、情景面试和案例分析作为人事选拔和评价的工具；其次，无领导小组讨论和基于角色扮演的即兴演说也是比较多采用的情景模拟评价方法，基于角色扮演的即兴演说更多是在企事业单位的竞争上岗、晋升决策等方面得到了比较多的应用。

组织人事部门下属的人才评荐中心、一些人事咨询公司在情景评价方法的应用和研究方面要远胜于企业。人才评荐中心和人事咨询公司等采用的情景评价方法相对比较系统，而企业则更多的是在中高层管理人员选拔上，通过外包的形式采用一种或几种情景评价方法。但是，一些国有、民营企业对于运用情景评价方法具有非常强烈的需求，特别是对于一些操作上相对比较简单的情景评价方法，很多企业都表现出了极大的兴趣。

但是，与在应用中比较普遍的结构化面试、公文筐测验等相比，在本研究所访谈的组织中，仅仅只有少数几家咨询公司及人才评荐中心在以往的人事选拔和评价中采用了情景判断测验的形式。其中有一家咨询公司应用的情景判断测验采用单选形式，主要评价应聘者的诚信度等方面的特征，与国际上典型的情景判断测验之间也存在较大的差距。

对于情景评价方法在企事业单位人事选拔与评价中的作用，很多人都给予了较高的评价，其中比较典型的评价包括以下几个方面：

“采用情景评价方法作为选拔工具是一种趋势，反映了现在越来越多的单位对人力资源的关注，人员选拔是人力资源管理中的起始环节，这一工作的好坏直接影响到企业将来的发展。”

“一个人的问题解决能力是非常重要的，现在很多的测评方法过多的注重单独的测量个体的能力，而这样测量出来的能力与他在实际工作中的表现又存在很大的距离，因此，测评的效果往往不能真实反映一个人实际工作的能力。情景模拟评价方法更加贴近实际，与工作内容紧密相关，因此，可以较好的解决这个问题。”

“人才招聘中采用的测评工具反映了单位的水平和形象，如果应聘者看不到公司采用的评价工具与岗位工作之间存在的关系，他就很难接受测评的结果，特别是当他被公司拒绝的情况下。情景判断测验本身就能够较好的反映实际工作特征，应聘者能清楚知道测验是在测评他的实际工作能力，因此，会对公司形成一种积极的印象，认为公司测评方法规范科学。”

由此可见，情景评价作为20世纪80年代以后才在国内兴起的人事选拔与评价工具，已经在很多的人力资源管理研究者和实践者心中留下了良好的印象，这为推动情景模拟评价方法的研究和应用奠定了良好的基础。

②情景评价方法在应用中存在的问题

对于情景评价方法应用中还存在的问题是现状访谈关注的焦点。通过访谈，本研究总结了情景评价方法目前在应用中存在的三对矛盾和两个不足。首先，是应聘者的多样性与情景评价测验试题的针对性之间的矛盾，测验的仿真性是情景评价测验的典型特征，不管是具有高度仿真的模拟评价，如无领导小组讨论、即兴演说等，还是低度仿真的情景判断测验，都是对测验适用对象工作特征的模拟，因此，就测验本身而言，要求具有一定的针对性和特定性。但是，对于应聘者的背景而言，往往存在很大的差异，这样，就形成了情景评价方法的第一对矛盾。在访谈中，有很多访谈对象提到，他们目前所应用的情景评价工具，有时候并不特别适用于某些特定的选拔对象，而要根据这些对象重新开发具有针对性的测验又不太现实。此外，由于情景测验的岗位和任务特定性，使得有些情景评价测验试题会对部分的应聘者更为有利。

其次，是情景评价测验开发与实施的高成本、复杂性与大规模测评要求之间的矛盾。这一对矛盾在工业企业领导干部、党政领导干部的公开选拔以及企业的大规模人员招聘实践中特别突出。由于绝大多数的情景评价方法操作过程比较复杂，评价和计分在很大程度上依赖于评价者的判断，因此，极大的限制了情景评价方法的大规模应用。从目前应用现状来看，情景评价方法，特别是象无领导小组讨论、即兴演讲等高度仿真测验形式，更多的应用于中高层领导者的选拔活动，而且一般是在经过初步筛选后才被采用的，如2000年广东省公开选拔省直机关副厅级领导干部实践中，在选拔第一阶段通过公开科目考试和专业科目考试对考生进行初步筛选，然后，采用了无领导小组讨论、工作情景模拟和结构化面试方法对考生的综合分析、组织协调、决策、应变等能力进行综合评价（吴瀚飞，2002），人事部举行的第五次副司级领导职务竞争上岗实践中也采用了无领导小组讨论测评方法（中国人事报，2003 年 4 月 24 日）。虽然情景评价方法的应用越来越多，但是，还主要集中在中高层领导干部的选拔上。

由于情景评价测验存在着大规模实施的难度，很多企业人员招聘与公开选拔活动的第一阶段筛选基本上都不采用任何形式的情景评价测验。这意味着没有进入后一阶段测验的考生，就没有机会参与情景评价测验，这将会极大的影响考生对测验公平性和有效性的判断。正如本次访谈的几位参与过公务员考试及领导干部公开选拔的人员提到的："在考试的笔试阶段过多的考察考生的知识和基本能力，但是，象数字推理能力等，对于有些岗位而言并不一定需要很高的水平，因此，考生很难看到测验与他所报考岗位的能力要求之间的直接联系。"在访谈过程中，也有多位访谈对象提到了如果能够在第一阶段测试中在一定程度上增加一些情景评价测验形式，可以提高考生对测验公平性和有效性的知觉。

与第二对矛盾有着紧密联系的是情景评价测验对评价者的高要求与高水平评价者不足、某些评价者对情景评价原理了解不够之间的矛盾。国内情景评价的研究起步较晚，人才市场以及经理人才评价推荐中心也是在 20 世纪 90 年代中后期才逐渐发展起来，这两个方面是造成目前人事选拔与评价专家相对比较缺乏的主要原因。从访谈和实地调研的结果来看，很多人都提到了情景评价测验对评价者的高要求，这增加了情景评价测验实施的难度，特别是在公开选拔实践中，评价者的甄选、组织和培训成了决定公开选拔效果的一个重要影响因素。

就情景评价测验在应用中存在的问题而言，除了上述提到的三对矛盾以外，还存在着两个方面的不足：一是有关情景评价测验效度的研究不足；二是对低度仿真情景评价测验研究不够。作为人事选拔与评价工具，国外研究者最关注的是效度，包括表面效度、构思效度和效标关联效度等等。有关情景评价测验，国内目前更多关注方法本身的形式和操作程序，对测验内容有效性和可靠性的研究相对比较缺乏。人才市场以及评价推荐中心在应用情景评价测验时，过多的依赖考生的自我评价作为测验有效性的判断标准，而不注重实证效度检验及其跟踪研究。近几年有关评价中心构思效度等方面的研究表明了研究者逐渐开始关注这一研究领域（吴志明、张厚粲，2001）。

本研究认为情景评价测验仿真度高低的划分标准可以有两个：一是测验本身是否要求参与者跟其他成员互动，对参与者的评价是否需要依赖主考官对实际行为表现的观察；二是测验的计分是否需要依赖主考官的主观评价和判断。根据这两个标准，无领导小组讨论、情景面试等属于高度仿真情景测验，而情景判断测验等则属于仿真度相对较低的测验，Motowidlo（1990）把它称之为低度仿真情景测验。从国内的研究和应用现状来看，目前人们比较多的关注高度仿真测验，而对于低度仿真测验的研究相当缺乏，除了在深圳高级人才评价推荐中心以及广州市公开招聘工业企业领导干部实践中有所应用外，与情景判断测验相关的研究和应用报道很少，这与人们对象情景判断测验这样的低度仿真测验的了解较少有着密切的关系。低度仿真测验由于在开发和操作程序上要比高度仿真测验简洁，在人事选拔和评价领域具有非常好的应用前景（McDaniel，Morgeson，Finnegan，2001；Clevenger，et al，2001），因此，非常有必要加强对情景判断测验的研究。

6.2 测量构思的确定和测验开发过程简述

6.2.1 情景判断测验测量构思的确定

在文献综述部分我们已经提到，情景判断测验在应用中最大局限在于对其所测量构思的不了解，因此，也很难理解情景判断测验与各类效标之间的关系。以往的情景判断测验开发一般都用于预测某特定类型岗位或组织中的某种类似岗位的工作绩效（Motowidlo，Dunnette，Carter，1990；Weekley，Jones，1999），由于测验开发过程中并没有对测量构思给予足够的关注，这样的情景判断测验开发模式很难保证测验的构思效度，同时，也限制了其应用的普遍性。随着对情景判断测验研究的深入，研究者们对情景判断测验的开发有了新的观点，McDaniel，Ployhart，Ryan 和 Schmitt 等都对构思导向的情景判断测验开发模式进行了探讨和尝试（Pulakos，Schmitt，1996；Ployhart，Ryan，2000；McDaniel，Morgeson，Finnegan，2001），构思导向的情景判断测验更能保证测验的构思效度及其效标关联效度的外推性。

根据 Sternberg 和 McDaniel 等的观点，情景判断测验更加适合测量管理者的内隐能力（Sternberg，et al，1995；McDaniel，et al，2001）。从 1980 年代开始，国内的研究者就已经对中国文化背景下领导者内隐能力以及内隐智力等方面进行了研究（凌文辁、方俐洛、艾尔卡，1991）。徐联仓、凌文辁等在领导者素质测评方面的研究发现：在中国文化背景下，领导者的品德素质、人际关怀和任务达成构成了三个重要的方面。而洪自强等（2002）通过因素结构分析发现情绪能力、社交能力和认知能力对管理者相当重要。

为了能够进一步了解中国文化背景下管理者的内隐胜任特征构思，本研究采用了一对一半结构化访谈和群体聚焦访谈（Group-focused interview）的形式，对 30 位在职中高层管理人员进行了管理胜任特征的访谈研究。

本次访谈的对象包括华南信息产业集团、中国银行浙江省分行、中国广厦集团公司、中国横店集团公司、施耐德电器（Schneider Electric）公司、华为公司人力资源部和广州化工集团等公司的中高层管理人员，其中包括高层管理人员 8 名，中层及一般管理人员 22 名。访谈的内容主要围绕成功管理者具备哪些方面的素质和能力特征以及哪些方面的素质和能力特征对管理者的职业成功有重要的影响等方面进行。

表 3.2 总结了本次访谈中提到的中国管理者素质与能力要求，从分析结果可以看出：诚信责任、人际胜任以及问题解决构成了中国文化背景下管理胜任特征的核心部分。

诚信责任主要与管理者的个人品德素质有关，包括正直诚信、责任意识、个人的原则性、纪律性和勤奋诚恳等；人际胜任主要与管理者有效的进行沟通与团队合作，有效解决人际冲突，构建良好的工作关系网络等方面的能力有关，包括团队协作能力、关系处理能力、组织协调能力、冲突处理能力、上下级关系保持能力等等；问题解决能力与管理者识别、分析和系统的解决实际工作中遇到的一些困难问题，提出问题的解决方法和纠正偏差等有关，主要包括综合分析能力、组织实施能力、计划决策能力、问题识别能力和经营监控能力等等。

本次访谈中几位公司老总对中高层管理者的要求能够较好的体现了中国文化背景下管理胜任特征。他们分别表述了胜任特征对胜任职位的重要性：

"中高层管理者的素质和能力要求主要体现在能够团结同志、能够与公司同仁一起群策群力，把公司做好；同时，要有工作主动性和负责任的态度，工作中难免会遇到很多困难和矛盾，要有奉献精神，能够实际的解决工作中的各种问题。"

"具有专业知识和实际企业管理经验，能够在工作中很好的解决问题，树立威信；对个人利益不要看得太重，把事业放在首位，在工作中要敢于承担责任；此外，领导班子是一个团队，团队之间的协作很重要，有些人单干很能胜任，但是一起做事就相互抵消，因此，组织协作与统筹能力是非常重要的。"

"人品上首先要好，很多人眼高手低，对事业没有很好的追求，这样就很难取得职业上的成功，应该很好的把事业追求和利益追求结合起来。要有很强的创业精神和责任心，能够为公司做出巨大贡献，为公司带来新的思路和活力。"

表 6-2 中国管理者素质与能力要求访谈结果

问题解决	频次	关系胜任	频次	诚信责任	频次
事务处理能力	7	团队协作能力	7	正直诚信	8
综合分析能力	6	关系处理能力	6	责任意识	6
项目组织实施能力	6	组织协调能力	5	事业心	6
计划决策能力	5	冲突处理能力	5	原则性	4
问题识别能力	4	保持上下级关系	5	纪律性	4
经营监控能力	4	灵活应变能力	3	勤奋诚恳	2
授权激励能力	3	沟通表达能力	3		
合计	35		34		30

此外，在文献分析研究中也发现，情景判断测验适宜测量个体的关系胜任、问题解决以及诚信责任意识等方面的胜任能力要素。在此基础

上，本研究以构思导向的情景判断测验开发思路为指导，对管理者在这三个方面的管理胜任特征进行测量。

6.2.2　情景判断测验开发过程

在确定了情景判断测验的测量构思后，本研究通过关键事件调查作为测验开发的基础。McDaniel 等（2001）有关情景判断测验效度的元分析研究已经表明，基于工作分析的情景判断测验在测验效度上要远高于非基于工作分析的测验，特别是工作内容的关键事件分析，可以很好的提高情景判断测验的效度。

为了能够提高情景判断测验的效度和针对性，本研究在关键事件技术基础上，对来自杭州、上海的 25 位管理人员进行了关键事件问卷调查，这些管理人员主要来自管理及业务部门。关键事件调查主要涉及管理过程中有关人际关系、问题解决、业务开拓、决策判断和情景适应等方面的内容。

根据 Flanagan（1954）等在关键事件技术方面的研究成果，本研究在编制关键事件问卷的每个问题时，都根据 Flanagan 等对关键事件的完整性要求，分成三个部分：一是相关关键事件发生的原因及背景；二是解决事件遇到的难题和当时可能的解决方案；最后部分是被试采取的实际措施及取得的效果。

通过关键事件调查，本研究共收集到有效关键事件 133 个，为情景判断测验的开发提供了较好的素材。

在所收集的关键事件素材基础上，本研究通过情景试题的编写和项目权重确定，在完成了情景判断测验的初稿以后，本研究对情景试题项目权重进行确定和赋值（Motowidlo，Dunnette，Carter，1990）。本研究主要采用了专家判断作为项目权重确定的基础，为此，设计了情景判断测验专家判断问卷，由 7 位人事选拔与评价方面的专家对每个项目进行评价，这些专家由两个方面的人员组成，一是企业资深人力资源经理；二是工业与组织心理学家和人力资源管理方向的专家（SME）。专家判断调查采用背靠背独立评价的方式，测验的指导语如下：

测验指导语：*情景评价方法是目前人事选拔和评价中应用的非常多的一种形式，从应用的情况来看，该测验形式具有很好的效果。本项调*

查的目的是为了研究情景评价方法、提高情景测评方法的可靠性，我们需要通过专家对测验中各个行为选项对解决情景问题的有效性作出评价。因此，希望您能够对每个行为选项做一个专家判断。非常感谢您的合作！

评价过程中采用7点量表形式，在专家评价的基础上，本研究对7位专家评价信度和项目权重分别进行了统计分析。我们采用ICC（intraclass correlation）作为专家评价信度指标。从分析结果看，专家评价间的内部一致性（Cronbach α 系数）达到了0.86，专家评价间单一测量信度为0.46，在0.05水平显著。这说明专家的行为选项有效性评价具有较好的信度。

为了确定情景试题各项目的权重，本研究对各位专家评价间的均值进行了统计，作为项目赋权的基础。根据每个项目的平均得分，本研究确定了各个项目的权重（Motowidlo，Dunnette，Carter，1990；Weekly，Ployhart，2002）。通过几个阶段的调查和编制，这样，本研究形成了由25个项目组成的情景判断测验题本，作为本研究的主要测验之一。

6.3 情景判断测验研究总结与讨论

本研究通过对国内外以往研究文献的分析发现：虽然国外有关情景判断测验的研究已经有相当长的历史，情景判断测验研究也越来越多的受到研究者的关注，但是，国内目前还尚未有正式发表的情景判断测验研究，对这一领域的研究还处于起步阶段。

国外有关情景判断测验的研究在测量构思上，更多在测量个体的人际胜任和问题解决构思，其中近50%的研究样本都对个体的人际胜任构思进行了测量。在构思检验方面，对于情景判断测验构思效度的实证检验研究相对较少，因此，对情景判断测验的开发以及效标关联效度来源提供的理论指导意义较少。

在情景判断测验的效标选择上，以Borman和Motowidlo（1993）等人的周边绩效任务绩效理论以及Campbell（1990）等的工作绩效理论作为绩效标准；在绩效的评价方式上，以自我评价和上级评价为主要形式。

从国内实践来看，情景评价测验在企事业单位的外部招聘以及内部的竞争上岗、培训等方面都得到了不同程度的应用。在企事业单位外部招聘实践中，运用最多的情景评价测验主要有情景面试、公文筐测验和案例分析测验等；而在企业内部招聘，如竞争上岗等实践中，则是即兴演说、情景面试和无领导小组讨论运用的比较多。

由于情景评价测验在开发和操作上具有较强的技术性，因此，组织人事部门下属的人才评荐中心、人事咨询公司在情景评价测验的应用和研究方面要优于企业。但是，很多企业都表现出了对运用情景评价测验作为选拔和评价工具的强烈需求，特别是对于一些操作上相对比较简便的情景评价测验。

同时，根据以往研究，本研究提出的情景评价测验仿真度高低评价的两条主要标准：情景评价测验本身是否要求参与者跟其他成员互动，对参与者的评价是否需要依赖主考官对实际行为表现的观察；情景评价测验的计分是否需要依赖主考官的主观评价和判断。根据这两条评价标准，在访谈中，本研究发现目前国内有关情景评价测验的研究，比较重视对中高度仿真情景评价测验的研究，而相对比较忽视对低度仿真情景评价测验的研究。而从访谈的过程中不难发现，低度仿真的情景评价测验由于其操作上的简便性，在运用的可行性和开发成本等方面要优于高度仿真情景评价测验，在人事选拔与评价实践中也具有非常好的前景。

在对访谈研究进行归纳的基础上，本研究提出了目前在情景评价测验应用中存在的矛盾和不足。其中主要包括应聘者的多样性、一般性与情景评价测验试题的针对性，这影响了情景评价测验的实施和开发成本及其可应用性；测验开发与实施的高成本及复杂性与大规模测评要求之间的矛盾，由于情景评价测验在操作上有较高的要求，使得它不能很好的适应大规模测评的要求，这一点在高度仿真情景评价测验上体现得更为明显；情景评价测验对评价者的高要求与高水平评价者不足、某些评价者对情景评价原理了解不够之间的矛盾，这也成为了影响情景评价测验应用的一个制约条件。从国内有关情景评价测验应用和研究总体看，有关测验效度的研究还比较缺乏。

从目前有关情景判断测验的研究和开发趋势来看，近几年有关情景判断测验的研究越来越注重对构思效度的检验（Bess，2001），在测验的开发上也向注重测验构思效度的构思导向测验开发模式转变（Ployhart，

Ryan，2000）。本研究也更多的希望采用这种构思导向的研究模式，即从测量构思出发作为情景判断测验研究和开发的指导。通过对中国文化背景下管理胜任特征进行访谈研究，本研究确定了管理胜任特征的三个维度——人际胜任特征、诚信责任特征和问题解决特征，以此作为情景判断测验的测量构思。在此基础上，通过关键事件调查、行为事件调查等关键的情景判断测验开发程序，构建了情景判断测验作为研究手段。

第 7 章　管理胜任能力情景判断测量的构思效度

7.1　构思效度的研究目的和研究假设

尽管情景判断测验具有很好的效标关联效度，但是在研究领域，关于情景判断测验的构思效度还存在较大的争议，并没有达成比较一致的意见（Weekley，Jones，1999；McDaniel，Nguyen，2001；Clevenger，et al，2001）。

如果对情景判断测验构思效度没有达成一致意见，会使情景判断测验在研究和实践领域受到很多的限制（Ployhart，Ryan，2000）。这些限制主要包括：（1）将难以对情景判断测验效度的影响因素进行较好实证研究；（2）对情景判断测验构思效度理解的缺乏，会直接影响情景判断测验的概化效度，因为，我们很难发现情景判断测验的适用条件和开发基础，目前，虽然有研究对理论构思导向的情景判断测验进行了实证研究，但在研究结果上，并没有取得一致的结论，基于理论构思的测验开发思路还有待进一步检验（Weekly，Jones，1999；Reiter-Palmon，Connelly，2000）；（3）会影响情景判断测验研究对理解个体的胜任特征、预测指标与效标间的关系以及工作绩效理论的贡献（Schmitt，Chan，1998）。因此，对于情景判断测验构思效度的研究具有非常重要的理论和实践意义，有利于增进对情景判断测验性质和内涵的理解，也可以为理解情景判断测验效标关联效度来源提供依据。

为了能够更好的理解情景判断测验的构思效度，本研究希望能够以实证的方式对情景判断测验的构思效度进行研究。通过研究，了解情景判断测验所测量的构思维度。为了能够达到这个目的，本研究主要将通过以下两个部分进行具体的探讨：（1）对情景判断测验的测量构思假设进行验证，对各种不同的构思假设进行实证比较；（2）通过多方法多特征研究设计和验证型因素分析技术，对情景判断测验的聚合效度及其情景效应问题进行研究。

根据 Wagner，Sternberg，et al（1988）等的观点，情景判断测验主要测量了一个独特构思——“内隐知识”，而 Motowidlo，Clevenger，Pereira 等则认为情景判断测验测量的是周边工作知识和任务工作知识。最近，有关情景判断测验的实证研究更多的支持情景判断测验测量多维构思的观点，认为情景判断测验与认知能力、工作经验以及大五个性测验的多个维度之间均存在显著的相关，从本质上讲，情景判断测验测量的是多维构思。在此基础上，也有研究者把情景判断测验看成是可以测量多种构思的测评方法（McDaniel，Nguyen，2001；Ployhart，Ryan，2000）。Bycio 等人有关评价中心的验证因素分析研究以及 Chan，Schmitt 等人有关情景测验的验证性因素分析研究都表明多维构思模型比单一模型在数据拟合上更好，支持了多维构思的假设（Bycio，Alvares，Hahn，1987；Chan，Schmitt，1997）。

在以往研究的基础上，我们认为情景判断测验更适合测量多维构思，这些构思维度反映了个体的综合胜任特征。所以，本研究提出了以下假设：

假设 1：情景判断测验测量了管理者多维胜任特征，多维胜任特征之间存在着一定的关系，在整体上反映管理人员的综合胜任水平。

假设 2：在情景判断测验构思假设检验上，基于多维构思假设的模型比基于单一维度构思假设的模型具有更好的拟合度。

为了能够对情景判断测验的构思效度进行进一步的验证，本研究在设计上采用了 Campbell，Fiske（1959）提出的构思效度验证方法，即多特征多方法效度验证方法。多特征多方法技术（Multitrait-Multimethod Matrix Approach，MTMM）可以对测验的聚合效度和辨别效度进行检验，所谓聚合效度是指应用不同测量方法测定同一特征时测量结果相似的程度，即不同测量方式在特征上的聚合情况。辨别效度则主要是指测验辨别不同特征的程度（王重鸣，1998；Campbell，Fiske，1959）。

目前，研究者已经普遍认为测验总是一个“特征——方法”单元，特征的测量总离不开一定的方法。因此，测量分数的变异都有一部分应该归因于特定的方法，也即所谓的方法或情景特定性（王重鸣，1998；Bycio，Alvares，Hahn，1987；Schneider，Schmitt，1992；Arthur，Woehr，Maldegen，2000）。

在以往辨别效度和聚合效度的验证上主要采用多特征多方法矩阵进行验证，但是，多特征多方法的局限性在于它没有精确的标准来对模型的拟合度进行评价，也没法对特征效应和方法效应进行评价（吴志明、张厚粲，2001；Lievens，Conway，2001）。Marsh，Sackett 等把验证型因素分析方法引入了多特征多方法实验设计以后，结构方程技术逐渐成为了评价 MTMM 矩阵的有力工具，这改变了原来仅仅通过观测变量间的关系来对构思效度作出判断的方法，而是根据潜在构思来对效度进行验证。使得多特征多方法技术除了对构思效度进行验证以外，还可以让我们对测评方法和测评维度对测验分数的效应问题进行比较分析（Marsh，1989）。在此基础上，我们提出以下假设：

假设 3：情景判断测验的构思测量与胜任能力自评量表的构思测量间具有良好的聚合效度和辨别效度。

假设 4：多方法多特征构思模型比多方法单特征构思模型及单纯方法构思模型具有更好的拟合度，测验的方法效应和特征效应共同影响了情景判断测验得分。

7.2　构思效度研究方法

7.2.1　研究样本选取

本研究主要在杭州、上海和嘉兴三个城市进行取样，调查共发放问卷 200 份，回收有效问卷 156 份，有效问卷的回收率为 78%。参加调查的管理人员主要来自于信息技术和金融服务等 10 多家企事业单位。被试平均年龄为 29.77 岁，平均工龄为 7.90 年，分别来自于市场业务、行政管理、生产技术和研发等部门。

其中男女被试的比例分别为 59.10% 和 40.90%；中高层管理人员与一般管理类人员的比例大约为 1：4；77%以上参加调查的管埋人员接受

过本科及以上教育，其中 21.6% 的被试拥有硕士及以上学历。

前面研究提到，本研究的主要目的在于对情景判断测验的构思效度进行检验。因此，在测验的形式上，研究采用评价式情景判断测验的形式，要求被试用 7 点量表对测验情景下的每个行为选项作出评价，这样，可以使测验具有更好的辨别力。

7.2.2 胜任能力自评量表

本研究采用胜任能力自评量表作为情景判断测验构思效度的旁证问卷。在以往的研究与实践中，胜任能力自评量表也是较多采用的形式。Zwell 国际公司及国际人事决策公司（PDI）等国际知名的管理咨询公司都通过胜任能力自评量表对个体的胜任特征进行评价。根据 Zwell（2000）及 Martell，DeSmet，et al（2001）的研究成果，本研究在情景判断测验构思假设的基础上，从诚信责任、问题解决和人际关系能力等方面对个体的胜任特征进行评价。

通过探索性因素分析，对自评量表的内在结构进行检验，分析采用方差最大旋转、根据凯泽标准对因素进行抽取。分析结果如表 7-1 所示。

根据主成分分析，抽取了三个因素，每个因素包含的项目符合问卷原有的构思。三个因素共解释了总变异的 64.33%，其中诚信责任因素解释了 22.76%、问题解决因素解释了 21.84%、人际关系因素解释了变异的 19.73%。三个因素对总变异的贡献值相近。

在探索性因素分析的基础上，本研究采用 Cronbach 内部一致性系数（α 系数）对胜任能力自评量表各分量表的信度进行了检验，从分析结果看，各分量表的内部一致性系数在 0.73 以上，说明胜任能力自评量表具有良好的内部一致性信度。

根据分析的结果可以认为：本研究采用的胜任能力自评量表具有较好的结构和内部一致性，适合作为情景判断测验构思效度的旁证测验。通过不同测量方法间的比较，本研究的以下部分将对情景判断测验的构思效度进行检验。

表 7-1　胜任能力自评量表因素分析结果

测　量　项　目	因素 1	因素 2	因素 3
因素 1：诚信责任，α =0.77			
总是能做到诚实自律、信守承诺	0.77	0.04	0.12
总是主动承担责任，改进工作	0.75	0.33	0.11
对工作、公司有很强的责任感	0.73	0.06	0.01
总是做事可靠、对工作严格要求	0.59	0.27	0.32
喜欢尽自己最大的努力完成工作	0.53	0.13	0.42
因素 2：问题解决，α =0.83			
能系统的分析问题、发现解决问题的一些限制条件	0.14	0.86	-0.08
对严重的、困难的问题能提出创造性的解决方案	0.16	0.86	0.16
能很好地识别工作相关的问题、提出改进的方法	0.20	0.79	0.23
因素 3：人际关系，α =0.73			
能很好地与部门同事保持有效的工作关系	0.20	-0.01	0.85
工作中能与同事、上司友好相处、共同协作	0.26	0.08	0.78
对人际关系敏感，能很好的处理人际关系	-0.05	0.31	0.68

7.3　构思效度的假设检验与结果分析

7.3.1　情景判断测验多维构思假设检验

（1）情景判断测验计分

前面已经提到，本研究采用的情景判断测验采用评价形式，即要求管理人员对情景下的各个选项都用 7 点量表作出评价。此外，在测验开发过程中，专家已经对情景下的各个选项进行了判断，我们为专家们认为是最佳的行为选项赋权重为“1”，对专家们认为最差的行为选项赋权重“-1”，其他的两个选项权重为“0”。管理者在某个选项上的评价分数乘以该选项的权重，获得管理者在该选项上的得分，每个情景下 4 个选项得分的总和，构成了管理者在每个情景上的得分。

（2）情景判断测验区分度检验

在取样调查的基础上，本研究对情景判断测验各项目的区分度进行了检验，项目区分度主要是指测验项目对所测量构思的鉴别与区分能力（王重鸣，1998；王垒，1999）。本研究采用区分度指标作为项目区分度的标准，区分度指标的计算公式如下：

项目区分度指标 = （$X_{0.75}$–$X_{0.25}$）/S

注：$X_{0.75}$：75 百分位以上组的平均数；$X_{0.25}$：25 百分位以下组的平均数；S：样本标准差。

检验结果发现情景判断测验的区分度指标得分都在 2.0 以上，这说明情景判断测验项目具有良好的区分度。

（3）情景判断测验探索性因素分析

在研究假设部分已经提到，从情景判断测验构思相关研究来看，大多数研究者比较倾向于多维构思的观点。但是，从实证结果来看，在研究结论上还存在很多的分歧，目前的一些研究者认为情景判断测验测量了任务工作知识和周边工作知识（Clevenger，Pereira，et al，2001）。

为了对情景判断测验的潜在构思进行检验，本研究采用探索性因素分析方法，对情景判断测验的内在构思进行分析。

分析采用了主成分分析、方差最大旋转，根据陡阶图检验结果，抽取了 3 个潜在因素。在分析过程中，剔除 3 个在因素上归属不明确的项目，最后剩下 22 个测验项目，情景判断测验探索性因素分析结果如表 7–2 所示。

表 7–2　情景判断测验探索性因素分析结果

情景判断测验试题名称	因素 1	因素 2	因素 3
因素 1：人际胜任，α=0.82			
工作安排沟通协调	0.67	0.26	0.13
接受领导工作任务	0.67	0.16	-0.02
应对领导过高期望	0.66	0.07	0.27
客户问题开放沟通	0.63	0.20	-0.21
主动协助同事任务	0.53	0.13	0.27

续　表

情景判断测验试题名称	因素 1	因素 2	因素 3
争取领导支持谈判	0.52	0.20	0.29
部门合作完成任务	0.51	0.17	0.26
上级不同意见处理	0.50	0.22	0.34
困难同事关系处理	0.46	0.01	0.20
上级问题冲突处理	0.43	0.43	0.03
因素 2：诚信责任，α=0.68			
压力面前保持原则	0.05	0.75	0.26
正确处理人情关系	0.09	0.65	0.03
遵从市场伦理规范	0.20	0.63	-0.11
工作问题坚持原则	0.16	0.62	0.02
民主集中推动改革	0.35	0.35	0.22
对待任务认真负责	0.13	0.44	0.12
因素 3：问题解决，α=0.71			
统一目标达成一致	0.12	0.17	0.71
经营偏差分析解决	0.09	0.25	0.66
下属问题教育开导	0.06	-0.18	0.62
面临危机及时应对	0.41	0.08	0.57
前景项目统一推进	0.19	0.15	0.56
学习适应岗位任务	0.37	-0.19	0.39

根据测验项目在因素上的分布情况，本研究对 3 个因素进行了命名：第一个因素包含的项目主要与个体的关系处理及适应等方面的能力有关，命名为“人际胜任”维度；第二个因素包含的项目主要与个体的诚信及责任意识等有关，命名为“诚信责任”维度；第三个因素所包含的项目主要与个体问题解决及任务推进方面的能力相关，命名为“问题解决”维度。这 3 个因素共解释了总变异的 42.06%，其中人际胜任因素解释了 17.11%、诚信责任因素解释了 12.56%、问题解决因素共解释了 12.40% 的总变异，3 个因素在总变异的解释量上比较均衡，并没有出现 Sternberg 等研究中发现的第一个因素解释绝大部分变异，而其他因素解释的变异量很小的情况。同时，在因素项目上，基本符合问卷原有的构思，情景判断测验探索性因素分析结果说明测验具有良好的构思效度，

测量到了管理胜任特征的三维结构。

在明确了情景判断测验的潜在结构以后，本研究采用 Cronbach 内部一致性系数（α 系数）对情景判断测验三个维度项目内部的一致性进行检验，虽然以往研究发现情景判断测验的内部一致性较低，从本研究的分析结果看，情景判断测验各维度还是具有可以接受的内部一致性（见表 7-2）。

7.3.2 情景判断测验多维层次构思模型与单一构思模型比较

通过探索性因素分析，本研究得到的结果已经初步支持了情景判断测验多维构思的假设。在此基础上，本研究通过验证型因素分析方法，对情景判断测验的构思效度进行验证。同时，对情景判断测验测量构思的两种假设模型进行比较。假设模型一为单一构思假设模型，这个假设模型是基于 Sternberg，Wagner 等的观点，即情景判断测验测量了单一构思，即内隐知识。而根据 McDaniel，Ployhart，Schmitt 等的观点，情景判断测验测量了多维的构思，虽然在构思维度上还存在一些争议（Chan，Schmitt，1997；McDaniel，Nguyen，2001；Ployhart，Ryan，2000）。本研究探索性因素分析也发现了情景判断测验测量的三维构思，同时，情景判断测验所测量的三维构思存在中等程度的相关，为此，本研究提出了假设模型二，即多维层次模型假设，多维层次模型假定情景判断测验测量了三维构思，三维胜任特征受管理胜任能力潜构思影响。如表 7-3 所示呈现了情景判断测验各维度间的描述统计值和相关矩阵。

表 7-3 情景判断测验描述统计及相关矩阵

胜任能力维度	均值	标准差	1	2	3	4
1. 关系胜任	1.74	1.33	—			
2. 诚信责任	1.29	1.48	0.53^{**}	—		
3. 问题解决	1.94	1.17	0.51^{**}	0.29^{**}	—	
4. 测验总分	1.66	1.05	0.86^{**}	0.80^{**}	0.72^{**}	—

** $p<0.01$

为了达到较好的拟合效果，根据 Bentler，MacCallum，et al（2001）

的思想，研究中对情景判断测验各维度包含的项目进行了“打包”（Parceling），项目的整合以“组内异质——组间同质”为基础，这样，共形成了 7 个合成的观测值，作为验证型因素分析的基础。

表 7-4　多维层次模型和单一构思模型的拟合度比较

模型假设	χ2	df	GFI	AGFI	NFI	CFI	IFI	RMSEA
独立模型	434.40	21						
单一构思模型	77.76	14	0.88	0.76	0.82	0.85	0.85	0.17
多维层次模型	23.97	11	0.96	0.89	0.95	0.97	0.97	0.08

GFI：拟合度指数；AGFI：校正后的拟合度指数；NFI：标准拟合指数；
CFI：比较拟合指数；IFI：差别拟合指数；RMSEA：均方根差误

研究应用 EQS 统计软件对情景判断测验的多维层次模型及单一模型进行比较检验。如表 7-4 所示独立模型、多维层次模型和单一构思模型的拟合度比较结果可以得到：与多维层次假设模型相比，单一构思假设模型的拟合度较差，χ2 的显著性值小于 0.01，均方根差误项（RMSEA）大，为 0.17，在不可接受水平，拟合度指标和校正后的拟合度指标都比较差；而多维层次模型具有较好的拟合度，χ2 的显著性检验值大于 0.01，根据 Bentler，et al（1990）的观点，CFI 在 0.95 以上，说明模型的拟合度很好；CFI 在 0.90–0.95 之间，说明模型拟合还好，情景判断测验的多维层次模型的 CFI 值为 0.97，说明模型的拟合度非常好，其他拟合度指标也绝大多数在模型拟合度的接受门槛 0.90 以上。

此外，在理论假设的基础上，因果模型的比较选择标准主要看模型的拟合情况和简洁性。均方根差误（RMSEA）指标经常被作为模型选择的标准，它是总体协方程矩阵与构建的协方程矩阵之间的残差相对于模型自由度而言的比值。因此，可以看出 RMSEA 指标同时考虑了模型的拟合度和模型的简洁性（一般认为，模型的自由度小，模型的复杂程度越高）。MacCallum，Bentler 等认为 RMSEA 指标在 0.05 以下，说明模型具有非常好的拟合度；在 0.05 与 0.08 之间，说明模型拟合度较好；如果 RMSEA 指标超过 0.10，模型被认为是不可接受的。从 RMSEA 比较结果，本研究认为多维层次模型得到了较好的支持，说明情景判断测验所测量的构思存在多维层次结构。

构思模型比较检验结果支持了情景判断测验测量了多维构思的假设。如图 7-1 所示了情景判断测验所测量三维胜任特征的二阶因素结构模型。图 7-1 中项目与一阶因素间、一阶因素和二阶因素间的系数为标准回归系数，所有系数均在 0.01 水平显著。模型表明情景判断测验所测量的三维胜任特征在更高阶上聚合为一个因素，我们认为这三个因素反映了管理胜任能力。

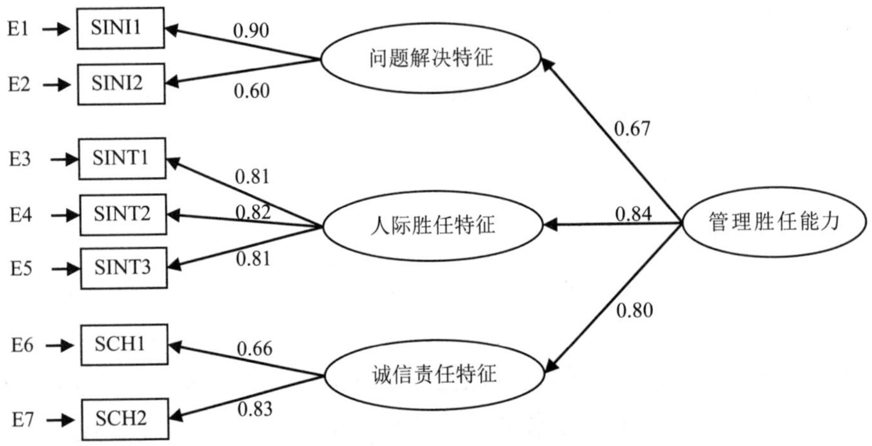

图 7-1　情景判断测验二阶因素结构模型

7.3.3　情景判断测验多特征多方法检验及构思模型比较

本研究采用了胜任能力自评量表作为情景判断测验构思效度的旁证工具。在明确了情景判断测验所测量的构思维度后，本研究希望通过多特征多方法检验，对情景判断测验的聚合效度及辨别效度进行检验。同时，也对情景判断测验方法对测验得分的影响进行估计。

前面的分析表明了情景判断测验主要测量了人际胜任、诚信责任和问题解决三个维度，而胜任能力自评量表的内在结构同样包含了人际关系、诚信责任和问题解决这三个方面的等维度。在此基础上，本研究以这六个维度分数作为观测值，对情景判断测验的构思效度进行检验，同时，比较胜任特征的情景判断测验测量与胜任能力自评量表测量之间的特征。

如表 7-5 所示呈现了情景判断测验与胜任能力自评量表间的多方法多特征矩阵。从多特征多方法矩阵可以看出：情景判断测验方法与胜任能力自评量表在测量同一特征时，在关系胜任、诚信责任和问题解决三个维度上，异方法同特征观测变量间的相关分别达到了 0.27、0.41 和 0.34，相关均在 0.01 水平显著，异方法同特征观测变量间的平均相关为 0.34，这说明测验具有较好的聚合效度；异方法异特征观测变量间的平均相关为 0.20，各相关系数均低于异方法同特征观测变量间的相关系数，说明测验具有一定的辨别效度，但是，在同方法异特征观测变量间的相关较高，这与 Schneider 和 Schmitt（1992）以及吴志明、张厚粲（2001）等在评价中心辨别效度研究结果一致，说明测量方法本身对测验得分具有重要的影响。

表 7-5　情景判断测验与胜任能力自评量表多方法多特征矩阵

0	M1 情景判断测验方法			M2 胜任能力自评量表		
0	人际胜任	诚信责任	问题解决	人际关系	诚信责任	问题解决
M1						
人际胜任	—					
诚信责任	0.53**	—				
问题解决	0.51**	0.29**	—			
M2						
人际关系	0.27**	0.20*	0.11	—		
诚信责任	0.25**	0.41**	0.14	0.44**	—	
问题解决	0.24**	0.26**	0.34**	0.32**	0.44**	—

* $p<0.05$　** $p<0.01$

从多特征多方法矩阵可以看出：测验方法本身对测验得分有着重要的影响，为了能够对测验方法及维度特征对测验得分影响效应进行评估，本研究采用了验证型因素分析方法，对各种不同的模型假设进行了比较检验。

在结构方程模型比较和评价策略上，主要存在严格验证（Strictly Confirmatory）、模型构建（Model Generation）和替代模型比较检验（Alternative Models）三种策略（MacCallum，2001）。所谓严格验证模型策略是指研究前只提出单一的检验模型，然后应用结构方程技术对这一模型进行检验；模型构建策略是指研究中提出的假设模型与数据基本拟合时，根据结构方程检验结果，对模型进行调整，在运用 EQS 统计软件时，主要根据 W 检验和 LM 检验结果，结合理论意义，作为模型调整的基础；替代模型比较策略主要是指在进行结构方程检验之前，先根据以往研究的理论基础，提出几种替代的假设模型，然后分别对各种模型进行检验和评价。由于模型构建策略具有数据驱动性质，MacCallum，et al（1992）指出在进行模型调整时，必须满足一定的条件，修正的模型必须具有理论意义，才能保证这种策略不会被误用。在目前 SEM 检验中，用的比较多的是替代模型策略。

（1）三种替代模型假设

情景判断测验多特征多方法检验采用替代模型策略。在以往研究的基础上，研究提出了三种模型假设：单纯方法模型，该模型假设测验并没有反映任何能力维度特征，测验得分仅仅受测量方法的影响；单一特征多方法模型（简称单质多法模型），Lievens，Conway（2001）在评价中心构思效度研究中发现，评价中心多种练习得分之间的关系更加符合多练习单一特征模型假设，认为测验得分受一个通用特征和测量方法共同影响，在此基础上，本研究提出了单一特征多方法假设；多特征多方法模型（简称多质多法模型），该模型假设情景判断测验和自评量表测量了多维构思，而多个维度之间存在着两两相关，测验得分受多维构思和方法共同影响，为了使模型能够识别，在假设模型上，本研究采用 MacCallum，et al（2002）提出的假设误差因素均等的方法。

单纯方法模型、单一特征多方法模型及多特征多方法模型的假设分别如表 7-6、7-7、7-8 所示。

表 7-6 单纯方法模型验证型因素分析假设

测评维度	测评方法因素		误差因素
	情景判断测验	自评方法	
情景判断测验			
1. 人际胜任	?	0	?
2. 诚信责任	?	0	?
3. 问题解决	?	0	?

续 表

测评维度	测评方法因素		误差因素
	情景判断测验	自评方法	
自评方法			
4. 人际关系	0	?	?
5. 诚信责任	0	?	?
6. 问题解决	0	?	?

表 7-7 单一特征多方法模型验证型因素分析假设

测评维度	测评特征因素	测评方法因素		误差因素
	g 因素	情景判断测验	自评方法	
情景判断测验				
1. 人际胜任	?	?	0	?
2. 诚信责任	?	?	0	?
3. 问题解决	?	?	0	?
自评方法				
4. 人际关系	?	0	?	?
5. 诚信责任	?	0	?	?
6. 问题解决	?	0	?	?

表 7-8　多特征多方法模型验证型因素分析假设

测评维度	测评特征因素			测评方法		误差因素
	人际胜任	诚信责任	问题解决	情景	自评	
情景判断测验						
1. 人际胜任	?	0	0	?	0	
2. 诚信责任	0	?		?	0	
3. 问题解决	0	0	?	?	0	constraint: E1=0.2=0.3; E4=0.5=0.6
自评方法						
4. 人际关系	?	0	0	0	?	
5. 诚信责任	0	?	0	0	?	
6. 问题解决	0	0	?	0	?	

注："？"表示要估计的参数，"0"表示固定参数

（2）三种模型的拟合度检验结果

如表 7-9 所示呈现了三种模型的拟合度检验结果，三种模型的 $\chi 2$ 检验结果得到：单纯方法模型和单质多法模型 $\chi 2$ 在 0.01 水平显著，单质多法模型在拟合度上要优于单纯方法模型；多质多法模型 $\chi 2$ 虽然在 0.05 水平显著，但是，从模型的拟合度指标来看，CFI 指标为 0.97，模型的均方根残差小，说明模型有较好的拟合度。从三种假设模型的比较检验结果看：多质多法（多特征多方法）模型要优于单纯方法模型和单质多法模型。

表 7-9　多特征多方法模型假设检验结果

模型假设	$\chi 2$	df	GFI	AGFI	NFI	CFI	IFI	RMR
独立模型	215.25	15						
单纯方法模型	55.67	9	0.90	0.77	0.75	0.78	0.78	0.17
单质多法模型	22.30	3	0.96	0.69	0.90	0.90	0.91	0.06
多质多法模型	8.74	2	0.98	0.81	0.96	0.97	0.97	0.05

GFI：拟合度指数；AGFI：校正后的拟合度指数；NFI：标准拟合指数；
CFI：比较拟合指数；IFI：差别拟合指数；RMR：均方根残差

情景判断测验与胜任能力自评量表的多特征多方法验证型因素分析

检验结果较好的支持了本研究假设 4，即测验的多特征多方法模型在拟合度上要优于单纯方法模型和单一维度多方法模型。

（3）情景判断测验与胜任能力自评量表多特征多方法验证型因素结构模型

在三种模型检验与评价的基础上，本研究得到了情景判断测验与自评量表的多特征多方法验证型因素分析结果（如图 7-2 所示），图 7-2 中 SJch，SJini，SJint 分别代表了合成的诚信责任、问题解决和人际胜任特征的情景判断测验观测分数；SRch，SRini，SRint 分别代表了合成的诚信责任、问题解决能力和人际关系能力的胜任能力自评量表观测分数。

从验证型因素分析结果可以看出：情景判断测验的关系胜任特征与自评量表的人际关系能力在关系胜任潜构思上聚合；情景判断测验的诚信责任特征与自评量表中的诚信责任能力在诚信责任潜构思上聚合；情景判断测验的问题解决特征与自评量表中的问题解决能力在问题解决潜构思上聚合。情景判断测验与自评量表共同测量的三个维度间的相关在 0.54 和 0.65 之间，具有中等程度的相关。从总体上看，情景判断测验和自评量表间具有良好的聚合效度。

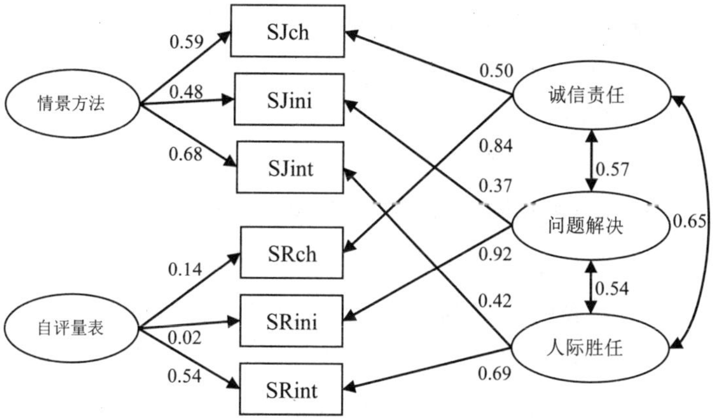

图 7-2　情景判断测验与胜任能力自评量表多特征多方法验证型因素分析结果

在分析基础上，本研究对测验的特征效应和方法效应进行了估计。在情景判断测验中，特征和方法对情景判断测验各维度得分均有着重要影响。对于自评量表而言，测验得分的变异更多的来自于特征的影响，除了人际关系能力的得分以外，测量方法对测验得分的影响均很小。从情景判断测验与自评量表的方法效应比较检验结果在某种程度上可以认为，情景判断测验与自评量表反映了两种不同的测验模式。胜任能力自评量表测量的构思比较单纯，情景判断测验作为重要的情景模拟测验方法，在测量了感兴趣构思同时，也反映出了情景效应，这也是情景判断测验的特征之一。

7.4 构思效度的研究结果总结与讨论

本部分研究从情景判断测验的多维构思的观点出发，在以往研究的基础上，提出了四个研究假设，并通过实证调查的方式，对情景判断测验的构思效度进行了检验。研究中运用了验证型因素分析的方法，一方面对情景判断测验的多维构思进行了检验；另一方面，通过多方法多特征模型的验证型因素分析检验，对测验的聚合效度进行了解，对情景判断测验特征效应及方法效应进行了初步估计。

研究的结果有力的支持了多维构思研究假设，对增进情景判断测验构思效度的理解以及情景判断测验的特征具有重要的理论意义，为后续研究提供了良好的基础。在分析的基础上，下面对本部分研究内容和结果进行总结和讨论：

7.4.1 胜任能力情境判断测量构思效度的主要结果

本研究通过探索性因素分析，对情景判断测验的内在构思进行了初步探究，分析结果表明情景判断测验具有较好的内部结构，符合情景判断测验原有构思。在探索性因素分析的基础上，通过验证型因素分析对测验的构思进行检验，结构方程检验的主要目的在于比较 Sternberg, et al（1985，1988）提出的情景判断测量了单一内隐知识假设与 McDaniel, Schmidt 等提出的多维构思假设。验证型因素分析结果表明多维层次构思模型 $\chi 2$ 值较小；各类拟合度指标均在可接受水平以上，支持了本研究的假设 1 和假设 2。从因素结构看，情景判断测验测量了管理者的三维胜任特征构思，可以较好的评价管理者的“人际胜任”、“诚信责任”和“问题解决”三种胜任特征，管理者三维胜任特征在更高阶上聚合为一个因素——管理胜任能力，说明情景判断测验能较好的评价个体管理胜任能力。

情景判断测验与胜任能力自评量表旁证问卷进行多特征多方法检验结果表明测验具有良好的聚合效度，三维胜任特征的平均聚合效度在0.34 左右。本研究采用了结构方程技术对多方法多特征模型进行检验，模型检验过程中采用了替代模型比较检验策略，比较了三种替代假设模型的检验结果，本研究发现单纯方法模型以及单一特征多方法模型在拟合度上不理想，而多特征多方法模型具有较好的拟合度。这些结果表明情景判断测验测量的三维构思与胜任能力自评量表测量的构思之间聚合，测验具有良好的聚合效度。此外，这一结果也表明除了测量特征对测验得分有影响外，测量方法本身对情景判断测验分数起着重要作用。

7.4.2　胜任能力情境判断测量构思效度的理论意义与讨论

本部分研究的结果对推动情景判断测验的构思效度研究以及对情景测验中情景特定性问题的认识具有重要的理论意义，同时，能够促进我们对管理胜任特征的理解。

在文献综述部分，我们已经提到 Wagner，Sternberg 等认为情景判断测验测量的是一个独特构思——内隐知识；而 Chan，Schmitt 以及 McDaniel 等更多的研究者认为情景判断测验测量的是多维构思（Chan，Schmitt，1997；McDaniel，Nguyen，2001；Ployhart，Ryan，2000）。本研究对 Sternberg 等人的假设以及多维构思假设进行了比较检验，与 Bycio，Alvares，Hahn，et al（1987）有关评价中心构思效度的研究结果类似，验证型因素分析比较结果支持了情景判断测验测量了多维构思的假设，对 Chan，Schmitt 以及 McDaniel 等的理论观点进行了实证的支持，弥补了以往情景判断测验研究中忽视构思效度研究的不足，并在研究的基础上，提出了管理者情景判断测验的三维胜任特征模型，具有一定的理论和实践意义，在以往的研究中，很少有研究对管理胜任特征之间的关系进行讨论，本研究在情景判断测验构思效度检验基础上提出了管理胜任特征的多维层次概念，认为情景判断测验所测量的三维胜任特征反映了管理者的管理胜任能力，三个方面共同体现了管理胜任能力。情景判断测验构思检验对理解情景判断测验的效标关联效度来源，指导情景判断测验的开发模式具有重要的理论意义。

情景判断测验与胜任能力自评量表的多特征多方法分析结果表明虽然同一测评方法内的不同测评维度间的相关也较高，但是测验在不同方法同一测评维度间 0.34 的平均相关说明了测验具有较好的聚合效度。同一测验方法内不同测评维度间的相关与以往有关情景测验及其评价中心的构思效度研究结果一致（Schneider，Schmitt，1992；Arthur，Woehr，Maldegen，2000）。这种方法内的相关一方面与情景特定性有关，另一方面，也与本研究所测量的胜任特征构思间自身存在的相关有关系。

基于替代模型检验策略的多特征多方法结构方程模型检验表明多方法多特征模型比多方法单一特征以及单纯方法模型具有更好的拟合度，与本研究的理论假设相一致。这一结果与 Lievens，Conway，et al（2001）在评价中心构思效度研究中发现不相一致，Lievens 等在评价中心多种方法得分之间的关系更加符合多方法单一特征模型假设，认为测验得分受一个通用特征和测量方法共同影响。但是，本研究认为，这主要与他们研究中评价中心各测验没有很好的关注测量构思存在一定的关系。从目前测验开发和研究趋势看，越来越多的研究者强调多维构思的思路。

情景判断测验特征效应和方法效应的估计反映了王重鸣，等（1998）关于测验是“特征——方法”单元组合的观点。特别是对于情景测验而言，构思特征的测量总离不开一定的方法，测验的构思特征比较复杂，这也是研究者对情景特定性问题感兴趣的原因。情景判断测验中方法效应的原因可能存在两种解释：一是反映了情景判断测验作为情景测验形式，存在一定的测评方法效应偏差，使得测验分数部分来自于不同管理者在不同情景下的获益性程度不同，有些管理者在情景判断测验形式中有更好表现，而另一些则在这种方法在表现不好；二是可能反映了情景判断测验与胜任能力自评量表这两种测验的开发思路和特征，胜任能力自评量表开发过程中更单纯的围绕特定的理论构思，分离或较少关注情景性以及背景相关信息，也可以认为胜任能力自评量表的开发更多的是基于传统的信息加工范式；而情景判断测验的开发过程中强调包含关键的工作情景信息，主张在多类工作情景下去评价管理胜任能力，在测验开发模式上更多的遵循情景认知范式（Roth，1998；Boreham，Samury，

1999）。本研究只是对情景判断测验的方法效应和特征效应进行初步的探索，从情景判断测验特征效应和方法效应的估计，我们可以部分的认为：包含情景相关信息的情景判断测验结果在一定程度上反映了管理者在各种工作情景下的行为表现，这对于理解情景判断测验和类似情景测验的效度来源以及对于指导情景判断测验的开发具有一定的理论意义。对于情景判断测验方法效应的内涵理解，还有待进一步深入研究。

第 8 章　管理胜任能力情景判断测量的效标关联效度

8.1　效标关联效度的研究目的和研究假设

本研究着重检验情景判断测验的效度来源，探讨情景判断测验所测量的管理胜任特征与工作绩效之间的关系。在本书综述部分已经提到，传统的智力测验并不能很好的预测管理者未来的职业成功，智力测验得分与工作绩效间的关系非常微弱（Barrett，Depinet，1991；Hunter，Hunter，1984）。在这样的背景下，McClelland，et al（1973）提出的胜任特征的概念，认为个体的胜任特征能够比传统测验更好的预测工作绩效。目前，也有一些研究者把个体的胜任特征定义为决定工作绩效的持久品质和特征（Zwell，2000）。管理胜任特征与工作绩效间的关系已经是研究者们非常关注的焦点。

王重鸣等在以往研究的基础上提出：胜任能力是与任务情景相联系的，能够影响个体工作绩效的一种综合才能（王重鸣，2001；Russell，2001），认为在人事评价、领导理论以及个体能力研究等方面都应该更加注重把管理者的特质与实际工作绩效、岗位要求等紧密联系起来，在工作情景中去评价个体的管理胜任能力。有关管理者胜任能力的实证研究已经发现：不同的职务特征对管理胜任能力提出不同的要求，工作类型的不同、职位层次的不同，都会要求管理人员具备适应职位要求的胜任特征（Shippmann，Ash，Battista，et al，2000；Motowidlo，Dunnette，Carter，1990；Zwell，2000）。同样，在不同的职位特征背景下，胜任特征对工作绩效的预测效应也会有所不同。在此基础上，本研究提出如下假设：

假设 5：管理胜任特征具有权变性，不同个体特征及任务特征的管理者，在胜任特征维度上的得分存在差异。

假设 6：胜任特征对总体绩效的预测效应受个体及职务特征的权变影响，不同的任务特征对管理者的能力提出了不同的要求。

在以往有关情景判断测验构思效度及效标关联效度的研究中，虽然有很多的研究都对情景判断测验与绩效间的关系进行了检验（Pulakos，Schmitt，1996；McDaniel，et al，2001；Clevenger，et al，2001），但是，很少有研究能够对情景判断测验与绩效间关系的来源，即效标关联效度来源进行深入分析和探讨。本研究在以往研究基础上，认为情景判断测验的效标关联效度主要来自于测验所测量的三维胜任特征与工作绩效各维度间的关系。

Schmitt，Chan，et al（1998）提出：由于工作绩效的多维性，同时，影响工作绩效的因素也往往是多方面的，因此，工作绩效的预测指标也应该是多维度的，从而从各个方面来预测个体的绩效表现。本研究希望对情景判断测验测量的胜任特征与工作绩效各维度间的关系进行检验，从而了解情景判断测验的效度来源。以往的一些研究支持了不同胜任特征对工作绩效维度有着不同的影响，Russell，et al（2001）在有关高层经理人员的胜任特征研究以及 Jansen，Stroop，et al（2001）关于评价中心效度的动态效度研究结果都支持了胜任特征随工作绩效的权变性。在此基础上，提出了本研究的以下两个假设：

假设 7：情景判断测验所测量的胜任特征与工作绩效间存在着密切的相关。

假设 8：就情景判断测验所测量的胜任特征而言，不同的胜任特征对工作绩效各维度存在不同的预测效应。

8.2　效标关联效度的研究方法

8.2.1　研究样本

本研究的被试主要来自于杭州和上海。研究共发放问卷 250 份，回收有效问卷 171 份，有效问卷的回收率为 68.40%，参与本次调查被试的平均年龄为 28.13 岁，平均工龄为 6.20 年，被试其他背景情况见表 8-1 所示。

表 8-1 被试背景特征基本情况

性别			教育水平			工作类型		
类别	人数	百分比	类别	人数	百分比	类别	人数	百分比
男	115	67.3	高中以下	9	5.3	行政管理类	50	29.2
女	54	31.6	大中专科	67	39.2	市场业务类	60	35.1
			本科	70	40.9	生产技术类	38	22.2
			硕士	21	12.3			
			博士	1	0.6			
有效总数	169	98.8	有效总数	168	98.2	有效总数	148	86.5
缺失	2	1.2	缺失	3	1.8	缺失	23	13.5
企业所有制类型			职位层次					
类别	人数	百分比	类别	人数	百分比			
国有企业	75	43.9	一般管理	90	52.6			
外资企业	30	17.5	中层管理	39	22.8			
民营企业	61	35.7	高层管理	27	15.8			
有效总数	166	97.1	有效总数	156	91.2			
缺失	5	2.9	缺失	15	8.8			

8.2.2 情景判断测验测量

在情景判断测验构思效度研究的基础上，本研究对情景判断测验量表进行了修订，删除了研究二中在因素结构上归属不清晰的 3 个情景，编制成了由 22 道情景试题构成的情景判断测验迫选行为量表版本（Motowidlo，Dunnette，Carter，1990；Chan，Schmidt，1997；McDaniel，Nguyen，2001），该量表要求被试为每道情景试题选出“最可能采取的行为”和“最不可能采取的行为”。

在计分方式上，情景判断测验迫选量表采用加权计分方式。根据研究二中专家评价的结果，本研究对每个情景试题下四个行为选项的有效性从“最佳”、“次佳”、“较差”和“最差”由高到低进行排序。在为“最可能采取的行为”选择进行计分时，如果被试正确的把“最佳”的行为选项选为最可能采取的行为，则计“4”分；如果把“次佳”的行为选项选为最可能采取的行为，则计“3”分；如果把“较差”的行为选项选为最可能采取的行为，计“2”分；如果被试把“最差”的行为选项选为最可能采取的行为，则计“1”分。

为“最不可能采取的行为”的计分则刚好相反。如果被试把“最佳”的行为选项选为最不可能采取的行为，则计“1”分；如果把“次佳”的行为选项选为最不可能采取的行为，则计“2”分；如果把“较差”的解决方法选为最不可能采取的行为，则相应的计“3”分；如果把“最差”的解决方法选为最不可能采取的行为，则计“4”分（Weekley，Jones，1999）。

每道情景试题下“最可能采取的行为”选择计分与“最不可能采取的行为”选择计分之和，构成了每道情景试题得分，情景判断测验总分为各情景试题的平均得分，这样，每道试题及测验总分的得分区间在“2”到“8”分之间。

8.2.3 工作绩效测量

（1）作绩效量表构成

本研究采用自陈式工作绩效量表作为情景判断测验效度检验的标准，即效标。工作绩效测量以 Campbell，Borman，Pulakos 等人的研究为基础，从任务绩效、周边绩效及适应性绩效几个方面对管理人员的工作绩效水平进行评定（Campbell，1993；Borman，Motowidlo，1993；Pulakos，et al，2000）。任务绩效和周边绩效的评价主要采用 Borman，Motowidlo，et al（1993，1997）的研究成果，周边绩效主要从动机周边绩效（工作奉献）和人际周边绩效（人际促进）两个方面进行评价；适应性绩效部分采用 Pulakos，et al（2000）对适应性绩效概念的界定，从处理紧急和危机情景、处理工作压力、创造性的解决问题、处理不确定性工作、学习工作知识技术、显示人际适应性和显示文化适应性等七个方面进行评价，在 Pulakos 等人的研究中，适应性绩效还包括身体适应性方面的内容，但是，从他们的研究结果来看，身体适应性并非是管理人员重要的适应性绩效指标，因此，本研究没有采用这一指标。经过编制和修订，形成了由 27 个项目组成的自陈式工作绩效量表。从量表构成来看：其中任务绩效子量表包含 8 个项目；工作奉献子量表包含 9 个项目；人际促进子量表包含 3 个项目；而适应性绩效子量表包含 7 个项目。工作绩效量表要求被试用 7 点量表对每个项目做出客观评价。

（2）工作绩效量表的结构检验

为了了解工作绩效量表的构思，本研究采用探索性因素分析方法，对量表的结构进行了检验，探索性因素分析结果如表 8-2 所示。探索性因素分析以陡阶图检验结果作为因素抽取的标准，在分析过程中，删除了两个内部一致性低、在因素归属上不明确的项目。

表 8-2 工作绩效量表探索性因素分析结果

工作绩效量表项目	因素 1	因素 2	因素 3	因素 4
因素 1：任务绩效，α=0.84				
我总是能准确地实现自己的工作目标	0.75	0.10	0.05	0.15
在工作中，我能够有效利用各种资源	0.65	0.14	0.11	0.42
工作中我在利用时间方面的效率很高	0.62	0.02	0.06	0.31
我总是能有效地执行部门的各项决策	0.61	0.08	0.38	0.13
我总是能准确地完成上级交代的任务	0.58	0.29	0.38	0.13
我总是能够很好地处理各项工作业务	0.39	0.11	0.37	0.44
我总是能够有效地协调各方面的工作	0.51	0.19	0.10	0.42
因素 2：工作奉献，α=0.89				
在工作中我保持着很强的组织性和纪律性	0.15	0.81	0.01	0.22
对于每项工作任务，我都投入很大的努力	0.12	0.78	0.20	0.04
我总是全身心地投入工作以确保任务完成	0.13	0.76	0.24	0.13
我能够严格遵守法律法规和公司规章制度	0.06	0.72	0.07	0.30
我对公司各项工作都有强烈的责任感	0.13	0.68	0.24	0.22
我会对自己的工作进行改进促其发展	0.30	0.66	0.18	0.09
工作中我总是能做到严格自律、信守承诺	0.08	0.63	0.24	0.35
我对维持良好地工作氛围有很多贡献	0.09	0.48	0.43	0.10
因素 3：人际促进，α=0.80				

续 表

工作绩效量表项目	因素 1	因素 2	因素 3	因素 4
我与部门中其他同事保持着良好关系	0.16	0.33	0.72	0.24
我总是尽可能地去帮助同事及其他人	0.25	0.29	0.72	0.06
工作中我总是充分尊重部门每位同事	0.11	0.51	0.60	0.14
因素 4：适应性绩效，α=0.87				
工作中我总能创造性的解决复杂新异问题	0.27	0.23	-0.08	0.75
工作中我总是能有效胜任高压力工作状态	0.33	0.34	-0.07	0.66
我总能很好地适应不同的工作氛围和规范	0.10	0.12	0.46	0.66
我能不断更新知识、技术以适应工作需要	0.19	0.24	0.27	0.66
我总能以开放、灵活的态度适应人际关系	-0.01	0.15	0.51	0.65
对不确定的问题时，我总能采取有效行动	0.32	0.02	0.08	0.64
我总是能够有效地处理工作中的紧急情况	0.30	0.29	0.16	0.58

根据陡阶图检验结果，共抽取了四个因素，每个因素包含的项目符合问卷原有构思，说明问卷具有较好的构思效度。

工作绩效的四个因素共解释了量表总变异的60.68%，其中，工作奉献量表解释了变异的20.53%，适应绩效解释了17.50%，任务绩效解释了12.69%，人际促进解释了总变异的9.96%。

在探索性因素分析的基础上，本研究采用Cronbach内部一致性系数（α 系数）对工作绩效量表各子量表的内部一致性进行了检验，从分析结果看，各子量表的内部一致性系数在0.80和0.89之间，说明工作绩效量表具有良好的内部一致性。

从分析的结果可以认为：本研究采用的工作绩效量表具有较好的结构和内部一致性，适合作为情景判断测验效度检验的标准。

8.3 效标关联效度的假设检验与结果分析

8.3.1 不同类型管理胜任特征比较分析

为了比较不同类型管理者在情景判断测验各维度上得分差异情况，本研究通过方差分析方法，分别对不同职位特征及不同背景特征的管理者进行了比较分析，其中职位类型特征主要包括职位层次、工作类型和企业所有制类型三个方面；背景特征主要包括管理人员的性别和教育水平。

（1）不同背景特征管理人员胜任特征比较分析

不同背景特征管理人员胜任特征方差分析结果如表 8-3 所示，分析结果表明：

表 8-3　不同背景特征管理人员胜任特征比较分析结果

个体特征变量	人数	人际胜任		诚信责任		问题解决		测验总分	
		M	SD	M	SD	M	SD	M	SD
性别									
1. 男	114	6.13	0.86	5.79	0.94	6.56	0.89	6.16	0.75
2. 女	51	6.43	0.81	6.25	0.85	6.70	0.77	6.49	0.65
F 值		4.25*		8.93**		0.97		6.89**	
教育层次									
1. 专科及以下	75	6.03	0.86	5.84	0.92	6.54	0.89	6.14	0.77
2. 本科	67	6.32	0.87	5.97	0.89	6.58	0.87	6.30	0.71
3. 硕士及以上	22	6.60	0.68	6.11	1.10	6.98	0.58	6.56	0.67
F 值		4.62*		0.82		2.39+		3.07*	

$^{+}p<0.10$，$^{*}p<0.05$，$^{**}p<0.01$

①情景判断测验测量的“人际胜任”、“诚信责任”特征在性别上存在显著差异，女性管理人员在人际胜任、诚信责任方面得分显著高于男性管理人员；在问题解决方面，从均值来看，女性管理人员得分也高于男性管理人员，但是差异不显著。从情景判断测验总分来看，性别差异达到了 0.45 标准差，女性管理人员在情景判断测验上的得分要显著高于男性管理人员。

性别差异比较分析结果与以往有关情景判断测验及评价中心的研究结果一致。Weekley，Jones 等在 1997 及 1999 年的研究结果发现女性管理人员在情景判断测验得分上要高于男性管理人员 0.31 和 0.19 标准差；Motowidlo，Tippins，et al（1993）研究也发现女性管理人员在情景判断测验得分上要高于男性管理人员；Shore，et al（1992）有关管理潜能评价的性别偏差研究中也发现了同样的结果。

女性管理人员在情景判断测验上的得分显著高于男性管理人员的原因有两种解释，一种是 Lievens 和 Coetsier（2002）等的观点，他们认为女性管理人员在情景判断测验得分高于男性管理人员的原因主要来自于情景判断测验相对于性别的不利影响（Adverse Impact），也即情景判断测验更有利于女性管理人员。另外一种解释如 Zwell，et al（2000）等的观点，他们认为能胜任管理岗位的女性管理人员在能力上会有过人之处。

②从总体上看，随着教育层次的提高，管理人员在情景判断测验上的得分也呈现上升的趋势。从总体差异比较分析结果看，人际胜任得分和测验总分在教育层次上存在着显著的差异。为了对差异进行进一步的比较，本研究采用后溯检验（Post Hoc Tests）方法进行多重比较，多重检验采用 Dunnett’s T3 方法，结果表明硕士及以上教育层次的管理人员在人际胜任、问题解决以及测验总分上显著高于专科及以下教育层次的管理人员，同时，在问题解决维度上的得分也高于本科教育层次组管理人员。除此之外，在其他两两差异比较均不显著。情景判断测验在教育层次上存在差异的原因可能来自于两个方面：第一，可能来自于受教育程度影响了个体综合能力，使得教育层次较高的管理人员在综合能力上比教育层次相对低的管理人员更高一些；第二，在中国就业与文化环境下，教育层次与管理人员的职位层次之间存在一定的关系，教育层次间的差异产生的原因也可能来自于教育层次与职位层次间的交互影响。

为了对教育层次差异来源进行进一步分析，本研究采用多元方差分析方法对职位层次和教育层次之间的共同影响进行了检验，多元方差分析结果如表 8-4 所示。多元方差分析结果表明：把职位层次作为协变量控制它的效应以后，管理胜任特征得分在教育层次上的差异变得不显著，这部分的证明了教育层次上的差异是因为大多数教育层次高的管理人员所处的职位高于教育层次低的管理人员。

表 8-4　职位层次对教育层次效应的缓冲作用协方差分析结果

结果变量	F1	F2	F3
关系胜任特征	4.62*	2.76	4.03*
诚信责任特征	0.82	0.23	1.71
问题解决特征	2.39+	1.40	2.89
情景判断测验总分	3.07*	1.56	3.98*

注：F1 表示引入协变量前教育层次的主效应；F2 表示引入协变量后教育层次的主效应；F3 表示协方差分析中协变量职位层次的主效应。+ $p<0.10$，* $p<0.05$

（2）不同职位特征管理人员胜任特征比较分析

①中高层管理人员测验得分的同质性检验

从表 8-1 被试基本特征统计表上可以看出：由于取样限制，参与本次调查的中高层管理人员数目相对较少，其中中层管理人员 39 人，高层管理人员 27 人，出于样本方面的考虑，本研究希望对中高层管理人员样本进行合并，作为一个整体与一般管理人员进行胜任特征比较。为此，研究对中高层管理人员测验得分的同质性情况进行了检验，同质性检验主要对两组管理人员测验得分的均值等同性和方差齐性进行了分析，分析结果如表 8-5 所示。

表 8-5　中高层管理人员测验得分差异检验

参数检验	人数	人际胜任		诚信责任		问题解决		测验总分	
		M	SD	M	SD	M	SD	M	SD
中层管理人员	39	6.43	0.80	6.11	0.82	6.85	0.59	6.47	0.60
高层管理人员	27	6.48	0.74	6.01	1.23	6.67	0.70	6.39	0.79
方差齐性检验									
F 值		0.40		7.23**		0.51		2.84	
均值等同检验									
t 值		-0.26		0.37		1.11		0.51	

** $p<0.01$

根据独立样本 T 检验结果，研究发现：中高层管理人员不管是人际胜任、问题解决和诚信责任方面的得分，还是情景判断测验总分，两组间的平均得分非常接近，均不存在显著差异；除了在诚信责任维度上，两组得分在方差上非齐性以外，在其他测验维度及测验总分上，方差均为齐性。在同质性检验的基础上，本研究对中高层管理人员样本进行了合并。

②中高层管理人员与一般管理人员间胜任特征差异比较

在对中层管理人员样本和高层管理人员样本进行合并以后，本研究对中高层管理人员在胜任特征上与一般管理人员进行了比较。方差分析结果如表 8-6 所示：中高层管理人员的三个胜任特征维度及测验总分上均高于一般管理人员，并且，在人际胜任、问题解决特征及测验总分上差异显著，这说明了中高层管理人员在综合胜任素质上要显著高于一般管理人员。中高层管理人员与一般管理人员管理胜任能力差异的来源部分的说明了中高层管理人员在职位上接受了更多的锻炼，提高了综合素质；另一方面也可以认为，中高层管理职位对管理人员的综合胜任素质提出了更好的要求。

表 8-6　不同职位特征管理人员胜任特征比较分析结果

职位类型变量	人数	人际胜任		诚信责任		问题解决		测验总分	
		M	*SD*	*M*	*SD*	*M*	*SD*	*M*	*SD*
职位层次									
1. 一般管理	114	6.10	0.91	5.86	0.89	6.49	0.96	6.15	0.78
2. 中高管理	51	6.45	0.77	6.07	1.03	6.78	0.64	6.44	0.68
F 值		6.30*		1.83		4.43*		5.46*	
工作类型									
1. 行政管理	50	6.19	0.90	5.91	0.85	6.72	0.78	6.28	0.74
2. 市场业务	58	6.55	0.69	6.09	1.01	6.67	0.71	6.44	0.64
3. 生产技术	37	6.11	0.87	5.96	0.93	6.54	0.99	6.22	0.78
F 值		4.18*		0.53		0.58		1.25	
所有制类型									
1. 国有企业	74	6.44	0.83	6.05	0.99	6.68	0.72	6.40	0.69

续 表

职位类型变量	人数	人际胜任		诚信责任		问题解决		测验总分	
		M	*SD*	*M*	*SD*	*M*	*SD*	*M*	*SD*
2. 外资企业	30	6.47	0.72	6.22	0.95	6.97	0.51	6.55	0.55
3. 民营企业	58	5.82	0.85	5.62	0.79	6.33	1.05	5.93	0.79
F 值		11.01^{***}		5.55^{*}		6.53^{**}		10.64^{***}	

$^{*}p<0.05$，$^{**}p<0.01$，$^{***}p<0.001$

③不同工作类型管理人员间胜任特征差异比较

从胜任能力的概念可以认为，管理人员的胜任能力特征是与管理岗位密切关联的。不同工作类型的管理人员对胜任能力的要求也是不一样的。为此，本研究对不同类型管理人员之间胜任特征差异进行了方差分析，分析结果如表 8-6 中。从结果可以看出，行政管理类管理人员与市场业务类管理人员及生产技术类管理人员在关系胜任维度得分上存在显著差异，总体而言，市场业务类管理人员在关系胜任维度得分要高于行政管理和生产技术类管理人员。在方差分析的基础上，研究对三类管理人员在关系胜任维度上的得分进行了多重比较检验，检验结果发现市场业务类管理人员在关系胜任维度上的得分显著高于生产技术类和行政管理类管理人员。在诚信责任维度、问题解决维度以及测验总分上，三组管理人员之间并不存在显著差异。

不同工作类型管理人员间胜任特征的差异比较可以部分的认为：三种工作职位特征在关系胜任维度上存在不同的要求，市场业务类管理人员由于在职位特征上更具有开放性，工作中涉及更多人际关系方面的内容，因此，市场业务类职位对关系胜任维度的要求要高于行政管理类和生产技术类岗位。

④不同所有制企业管理人员间胜任特征差异比较

本研究还比较了不同所有制企业管理人员在胜任特征上的差异。比较分析结果表明：总体而言，外资企业管理人员管理胜任能力要略高于国有企业管理人员、而国有企业管理人员又要高于民营企业管理人员。为了对差异进行进一步的检验，研究进行了多重比较分析，结果发现国有企业与外资企业管理人员在人际胜任、诚信责任和问题解决维度以及测验总体得分上均显著高于民营企业管理人员（注：在问题解决维度上，国有企业与民营企业管理人员间的得分差异为 0.10 水平显著。）。而国有企业管理人员与外资企业管理人员在测验得分上均不存在显著差异。这说明，在总体上外资企业与国有企业管理人员在综合胜任素质上要高于民营企业管理人员。

不同类型管理人员胜任特征比较分析结果发现了很多有意义的结果，支持了本研究提出的研究假设五，说明管理人员的胜任特征相对于背景变量而言具有权变性。

8.3.2　胜任特征对管理者工作绩效预测效应的比较分析

不同类型管理人员胜任特征比较分析结果已经发现：不同性别、职位层次、工作类型的管理人员在胜任特征维度得分上存在差异；同样，来自不同所有制类型企业的管理人员在得分上也存在显著差异，因此，研究认为不同的背景特征及职位特征对管理胜任特征的要求是不同的。

（1）管理胜任特征与工作绩效间关系的分组比较

为了进一步支持这一观点，本研究又着重根据管理人员背景特征分组对胜任特征与工作绩效间的关系进行了检验。

①性别差异。如表 8-7 所示了不同性别组管理人员在胜任特征对工作绩效的预测效应情况。从表 8-7 中可以看出：男性管理人员与女性管理人员相比，影响工作绩效的胜任特征是不同的。对于男性管理人员而言，问题解决特征对工作绩效有着相当的预测力；而对于女性管理人员而言，人际胜任特征对工作绩效有着较好的预测作用。这一方面可能与社会对男性管理人员与女性管理人员的期望有所不同所致，另一方面可能与男女管理人员所从事工作内容的差异有关。

表 8-7　三维胜任特征对工作绩效预测效应的分组比较

性别	人数	关系胜任	诚信责任	问题解决		
		β	β	β	R^2	调整 R^2
男性管理人员	115	—	—	0.47***	0.22	0.21**
女性管理人员	54	0.44**	—	—	0.20	0.18**

* $p<0.05$，** $p<0.01$，*** $p<0.001$

②职位层次差异。对于不同职位层次的管理人员，胜任特征对工作绩效的影响模式也是不同的。对于中高层管理人员而言，人际胜任特征对工作绩效的影响最大；而对于一般管理人员，则是问题解决特征更多地在影响工作绩效，如表 8-8 所示。这一方面反映了一般管理人员与中高层管理人员在职位特征上的差异，Robbins，et al（1994）认为有效的中高层管理人员在沟通与网络关系构建方面的工作任务要远胜于一般管理人员；另一方面，也部分反映了一般管理职位到中高层管理职位管理人员工作范式的转变，这正如 Quinn（2000）提出的在迈向职业成功的途径中，从开始的个人奋斗范式向全新的政治交易方式转变，而所谓的政治交易范式主要是指通过熟练的关系处理与协调，达到工作的目的。

表 8-8　不同职位层次管理胜任特征对工作绩效预测效应的分组比较

职位层次	人数	关系胜任	诚信责任	问题解决	R^2	调整 R^2
		β	β	β		
一般管理人员	114	—	—	0.47**	0.22	0.21**
中高管理人员	51	0.49**	—	—	0.24	0.23**

* $p<0.05$，** $p<0.01$

③工作类型差异。问题解决特征对行政管理类管理人员有着很好的预测效应；而人际胜任特征对市场业务和生产技术类管理人员有着重要的预测效应。结合不同类型管理人员方差分析结果，我们可以部分的认为，问题解决特征是行政管理类管理人员非常重要的素质；人际胜任特征是市场技术类管理人员所必须具备的素质；对于生产技术类管理人员而言，从总体上看，在人际胜任特征上的得分要显著低于行政管理和生产技术类管理人员，但是，从对工作绩效的影响来看，人际胜任特征却是影响生产技术类管理人员的重要方面，如表 8-9 所示。

表 8-9　三维胜任特征对工作绩效预测效应的分组比较

工作类型	人数	关系胜任	诚信责任	问题解决	R^2	调整 R^2
		β	β	β		
行政管理类	50	—	—	0.40**	0.16	0.14**
市场业务类	58	0.33*	—	—	0.11	0.09*
生产技术类	37	0.50**	—	—	0.25	0.23**

* $p<0.05$，** $p<0.01$

④所有制差异。对于国有和外资企业而言，人际胜任特征是决定管理人员工作绩效的重要因素；而对于民营企业而言，问题解决特征是决定管理人员工作绩效的重要因素，如表 8-10 所示。不同所有制企业由于文化导向等方面的不同，对管理人员的胜任特征要求也存在差异，分析结果可能与国有和外资企业在管理能力要求上更加注重人际关系方面；而民营企业则更加强调结果导向和任务导向有关系。

表 8-10　三维胜任特征对工作绩效预测效应的分组比较

单位性质	人数	人际胜任	诚信责任	问题解决	R^2	调整 R^2
		β	β	β		
国有企业	74	0.44**	—	—	0.19	0.18**
外资企业	30	0.61**	—	—	0.37	0.34**
民营企业	58	—	—	0.44**	0.20	0.18**

* $p<0.05$，** $p<0.01$

（2）情景判断测验随工作经验的效应模式

本研究对情景判断测验随工作经验增长，其预测效应模式的变化进行了检验。研究以工龄作为工作经验的评价指标，根据工龄的长短，把管理人员分成 3 组，3 年以下为低工作经验组、3 — 10 年组和 10 年以上高工作经验组。如表 8-11 所示了三组管理人员的描述性统计结果。

表 8-11 不同经验组管理人员的描述性统计结果

工作经验	人数	关系胜任特征		诚信责任特征		问题解决特征		管理胜任能力	
		M	SD	M	SD	M	SD	M	SD
3 年以下组	57	6.29	0.84	5.87	0.91	6.67	0.81	6.28	0.71
3 — 10 年组	81	6.17	0.90	5.95	0.97	6.49	0.91	6.21	0.78
10 年以上组	24	6.24	0.82	5.99	0.96	6.91	0.75	6.38	0.71

我们对三组不同工作经验组被试在人际胜任、诚信责任、问题解决特征以及管理胜任能力上的得分分别进行了独立样本 T 检验，检验结果表明三组被试在管理胜任能力以及各个维度上的得分均不存在显著差异。

为了对情景判断测验随工作经验增长，其预测效应模式的变化模式进行检验，本研究采用分组回归分析的方法，分别比较了三组被试在情景判断测验与工作绩效回归分析中的决定性系数，情景判断测验对工作绩效的预测效应随工作经验变化的模式如图 8-1 所示，图 8-1 中的横坐标表示工作经验高低，纵坐标表示情景判断测验对工作绩效的决定系数。从图中可以看出，情景判断测验的效应模式随工作经验增长呈倒 U 型曲线，它对中等工作经验组的被试最具有预测效应，而对低工作经验组管理人员的预测效应最低。这与情景判断测验以往的研究论述比较一致，从总体上看，情景判断测验对具有中高工作经验的管理人员更加具有预测力，对于工作经验较少的管理人员，可能是由于工作中面临的情景问题相对较少，对情景判断测验中的试题缺乏熟悉度，从而影响了测验的预测力。

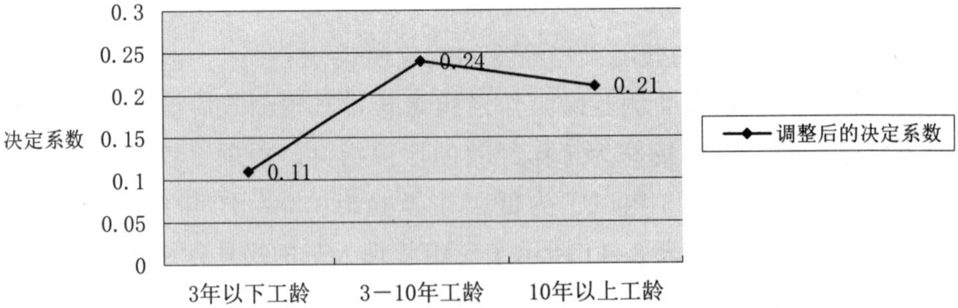

图 8-1 情景判断测验随工作经验预测效应的变化

在对情景判断测验随工作经验效应模式变化分析的基础上，为了能够进一步了解情景判断测验预测力的来源，本研究对情景判断测验测量的各维度对不同工作经验组管理人员的预测效应进行了逐步回归分析。分析结果如表 8–12 所示。

表 8–12 胜任特征对工作绩效回归分析分组比较

工作经验	进入回归方程的预测指标	β	调整 R^2
3 年以下组	人际胜任特征	0.36	0.12**
3 — 10 年组	问题解决特征	0.50	0.23**
10 年以上组	诚信责任特征	0.49	0.17*

* $p<0.05$，** $p<0.01$

从分组比较的结果可以发现：

①对新任管理人员，人际胜任特征对工作绩效有较好的预测力，而对于中等工作经验的管理人员而言，则要看实际的问题解决的能力。

②对于具有丰富经验的管理人员而言，诚信责任特征对工作绩效有更为重要的预测效应。

Russell（2001）有关高层经理人员的胜任特征以及 Jansen，Stroop，et al（2001）关于评价中心效度的动态性研究结果同样显示了胜任特征随职业生涯发展的动态性。Russell 的研究结果发现了资源问题解决取向的胜任特征对职业前期较有预测力，而人员取向的胜任特征评价对后续的绩效有较好的预测力；Jansen，Stroop 的研究同样发现人际效能对绩效的预测作用要在几年以后才能体现出来，而一些个体素质则对整个职业生涯都有较好的预测力。本研究发现在中国文化背景下，对职业初期起作用更多是人际技能，问题解决技能对工作绩效的预测力要在几年以后才能体现出来，而诚信责任特征则具有更加长远的预测效应。胜任特征对工作绩效回归分析的分组比较结果在一定程度上也反映了管理人员职业生涯发展过程中应该关注的焦点变化。

8.3.3 情景判断测验与工作绩效关系研究

（1）情景判断测验与工作绩效间的相关分析

如表 8-13 所示了情景判断测验、工作绩效等变量间的描述统计结果和相关矩阵。从表 8-13 中可以看出：情景判断测验所测量的三维胜任特征与总体绩效之间存在显著相关。

表 8-13 情景判断测验、工作绩效描述性统计及相关矩阵

	M	SD	1	2	3	4	5	6	7	8
情景判断测验										
1. 人际胜任	6.23	0.85								
2. 诚信责任	5.94	0.93	0.55**							
3. 问题解决	6.62	0.86	0.62**	0.45**						
4. 测验总分	6.27	0.74	0.87**	0.81**	0.82**					
工作绩效评价										
5. 任务绩效	5.50	0.77	0.29**	0.20*	0.35**	0.33**				
6. 工作奉献	5.76	0.95	0.41**	0.38**	0.38**	0.47**	0.61**			
7. 人际促进	5.74	0.91	0.37**	0.22**	0.36**	0.38**	0.63**	0.65**		
8. 适应绩效	5.51	0.89	0.35**	0.20*	0.31**	0.35**	0.74**	0.62**	0.64**	
9. 绩效总分	5.63	0.75	0.42**	0.29**	0.41**	0.45**	0.86**	0.85**	0.86**	0.87**

* $p<0.05$，** $p<0.01$

（2）胜任特征与工作绩效维度关系研究

为了对管理人员胜任特征与工作绩效各维度间的关系进行探讨，本研究采用线性回归分析方法，分别比较了人际胜任、诚信责任和问题解决维度对工作绩效各个方面的预测效应。

在本研究的假设部分已经提到：根据 Schmitt，Chan，et al（1997）的观点，由于工作绩效的多维性，因而，用于预测工作绩效的测验也应该具有多维构思，这样，各类预测指标能够对工作绩效的不同侧面进行预测，提高测验的效标关联效度。情景判断测验测量的三维胜任特征对工作绩效各维度的预测效应分析结果支持了这一观点。如表 8-14 所示

了胜任特征对工作绩效的回归分析结果，具体而言，问题解决特征对任务绩效具有较好的预测效应，诚信责任与人际胜任特征对任务绩效的预测力相对较小，而对工作奉献维度有着显著的预测效应，可以说管理人员在工作奉献方面的表现更多的受人际胜任和诚信责任维度的影响；在人际促进方面，则更多的受人际胜任和问题解决特征的影响；而对适应性绩效起最大影响的是人际胜任特征。这些研究结果充分支持了不同胜任特征影响工作绩效不同方面的观点。

表 8-14 胜任特征对工作绩效的回归方程

胜任特征	任务绩效回归系数	T 值	工作奉献回归系数	T 值	人际促进回归系数	T 值	适应绩效回归系数	T 值
人际胜任	0.11	1.05	0.20	1.99*	0.23	2.24*	0.25	2.41*
诚信责任	0.03	0.30	0.21	2.46*	-0.01	-0.01	0.00	0.00
问题解决	0.26	2.67**	0.15	1.57	0.21	2.19*	0.15	1.56
R^2	0.13		0.22		0.16		0.14	
调整 R^2	0.11		0.20		0.14		0.12	
F 值	7.72**		14.64**		10.06**		8.31**	

* $p<0.05$，** $p<0.01$

8.4 效标关联效度的研究结果总结与讨论

本部分研究主要对情景判断测验测量的管理胜任特征进行了比较分析，探讨了管理胜任特征与工作绩效各维度间的关系，对理解情景判断测验效标关联效度来源具有一定的意义。在管理胜任能力研究思路的指导下，本研究提出了四个具有理论意义研究假设，并通过实证调查的方式，对研究假设进行了检验。研究中主要采用了方差分析和线性回归分析方法，一方面比较了不同类型管理人员在胜任特征上的得分差异；另一方面，检验了管理人员背景特征对胜任特征与工作绩效间关系的缓冲影响，并在总体上提出了管理胜任特征与工作绩效维度间的关系模型。

研究的结果较好的支持了研究假设，对情景判断测验效度来源的理解具有非常重要的理论意义，此外，对管理胜任特征随职务不同的权变性以及情景判断测验的不利影响等方面都有一定的理论意义。

8.4.1 胜任能力情景判断测量效标关联效度的研究主要结果

（1）不同类型管理者在三维胜任特征上存在差异

本部分研究表明：不同性别、职位层次、工作类型的管理人员在情景判断测验表现上存在差异；来自不同所有制特征企业的管理者在情景判断测验得分上也存在一些差异。

①总体而言，女性管理人员在情景判断测验得分上要显著高于参与测验的男性管理人员。在测验总分上，性别差异到达了 0.45 标准差，部分体现了情景判断测验在性别上的不利影响。

②中高层管理人员在情景判断测验上的得分要显著高于一般管理人员。此外，在情景判断测验得分，也表现出了不同教育层次间的差异，随着受教育层次的提高，在情景判断测验上的得分也较高，在进一步检验分析中发现，情景判断测验在教育层次上的差异主要来自于大多数高教育层次的管理人员处于更高的职位层次。

③从不同职位类型间的比较分析得到，市场业务类管理人员在人际胜任维度上的得分显著高于行政管理类和市场技术类管理人员，部分体现了不同职位类型对管理胜任特征的不同要求。

④不同所有制企业管理人员胜任特征差异比较可以得出：外资企业和国有企业的管理人员在综合胜任素质上要显著高于民营企业管理人员；在国有企业与外资企业的管理人员之间，得分接近，差异不显著。

（2）管理人员背景特征对情景判断测验与工作绩效间效应的影响

本研究结果表明管理人员的性别、职位层次、工作类型和所有制性质对情景判断测验所测量的三维胜任特征对工作绩效的预测效应有着权变的影响。

①对于男性管理人员而言，问题解决特征对工作绩效有着显著的影响；而对于女性管理人员而言，对工作绩效有预测作用的主要是人际胜任特征。

②对于不同层次的管理人员，情景判断测验所测量的胜任特征对工作绩效的影响模式也是不同的。对中高层管理人员而言，人际胜任是预测工作绩效的主要因素；但对于一般管理人员而言，则更多的是问题解决特征影响着工作绩效。

③问题解决特征对行政管理类管理人员有着重要的预测效应；而人际胜任特征对市场业务类和生产技术类管理人员有着重要的预测效应。

④对于国有企业和外资企业而言，人际胜任特征是预测管理人员工作绩效的重要因素；但对于民营企业而言，对工作绩效最有预测力的是问题解决特征。

以工龄作为工作经验的指标，本研究对情景判断测验随工作经验的预测效应模式变化进行了检验，研究结果表明情景判断测验的预测效应模式随工作经验增长呈倒 U 型曲线。从总体上看，情景判断测验对中高工作经验的管理人员更具有预测力；而对于工作经验相对较少的管理人员，预测力相对较弱。

此外，对于不同任职时间的管理人员而言，胜任特征对管理者工作绩效预测效应模型存在差异，对任职在 3 年以下的管理人员，人际胜任特征对工作绩效有着较好的预测力；对于工龄在 3 — 10 年之间的管理人员，主要是问题解决特征对工作绩效具有较好的预测效应；而对于工龄大于 10 年以上的高资历管理人员，对工作绩效的预测效应则主要来自于诚信责任特征。

（3）管理胜任特征与工作绩效间的关系模型

通过情景判断测验所测量的管理胜任特征与工作绩效各维度回归分析，本研究发现管理胜任特征对工作绩效的不同维度有着不同的影响。

从管理胜任特征与工作绩效各维度间的关系来看：问题解决特征能够较好的预测管理者的任务绩效和人际促进维度；诚信责任特征对工作奉献维度有着较好的预测力；而人际胜任特征则对人际促进、工作奉献和适应性绩效有着显著的预测效应。

8.4.2　胜任能力情景判断测量效标关联效度的理论意义与讨论

本研究旨在考察情景判断测验所测量的管理胜任特征与工作绩效间

的关系，分析情景判断测验对于不同类型管理者绩效的预测效应。从管理者胜任能力研究思路来看，管理胜任特征要求离不开不同组织背景变量以及岗位特征的比较。通过方差分析，本研究发现了一些具有理论和实务意义的结果，体现了不同组织及岗位特征下管理者胜任能力的权变性。这对人力资源实务具有指导意义，例如在员工培训发展方面，我们可以通过不同类型管理人员的胜任特征要求，更加有针对性的确定发展计划；同样，可以为处于不同职业生涯阶段的员工提供不同的职业指导。

在管理胜任特征权变性检验的基础上，本研究对管理胜任特征与工作绩效各维度间的关系进行了初步的探讨。虽然以往很多的研究都对情景判断测验的效标关联效度进行了检验（Motowidlo，Dunnette，Carter，1990；Pulako，Schmitt，1996；Weekley，Jones，1997；Weekley，Jones，1999；Clevenger et al，2001），但是很多研究往往仅仅停留在这一层次而没有深入。这种对情景判断测验测量构思的忽视，会导致对理解情景判断测验效度来源的贡献很少，这样就限制了我们对情景判断测验实践应用的外推性和条件的理解。同时，也增加了情景判断测验在人力资源实践中应用的难度，因为在对情景判断测验得分进行解释时，往往只能停留在个体的情景判断测验得分上，而这种笼统的报告情景判断测验得分高低的测验结果解释，不管是对人事选拔评价来说，还是对员工培训发展来说，都是不够的。只有在了解了情景判断测验效度的来源以后，我们才能更好的对情景判断测验结果进行解释和评价，也更加能够回答情景判断测验的适用条件问题。本研究的结果较好的弥补了以往有关情景判断测验研究中忽视测量构思的不足。以情景判断测验测量的管理胜任特征为出发点，对情景判断测验测量的三维胜任特征与工作绩效间的关系进行探讨，对了解情景判断测验的效度来源和情景判断测验应用中可能的问题有很好的启示意义。

管理胜任特征与工作绩效各维度间关系的初步探讨也具有一定的理论意义。王重鸣等（2002）对中国管理者的胜任能力结构模型进行了研究，提出管理者在具备一定的专业业务能力外，自我管理技能、人际关系技能和任务管理技能的重要性，并通过不同职位层次的差异比较发现：总体而言，中高层管理者在人际管理技能和任务管理技能上要显著高于基层管理人员。本研究在职位层次比较中也发现中高层管理人员在人际胜任特征和问题解决特征上要显著高于一般管理人员，部分支持了王重鸣等的研究结果与假设。

从管理者三维胜任特征与工作绩效各维度间的关系研究来看，支持了 Schmitt，Chan，et al（1997）关于预测工作绩效指标应该具有多维性的观点，在回归分析结果的基础上，本研究认为情景判断测验所测量的管理胜任特征与工作绩效维度间存在如图 8-2 所示的关系。从图 8-2 中可以看出：不同绩效维度的预测指标存在很大的差异，如管理者问题解决特征能较好的预测任务绩效，而人际胜任和诚信责任特征能共同预测工作奉献。这也可能部分的反映了管理胜任特征与绩效间的适应性关系，表明管理者在不同的绩效表现要求下，应该较好的展现完成绩效所提出的胜任特征要求（Schunn，Reder，2001）。

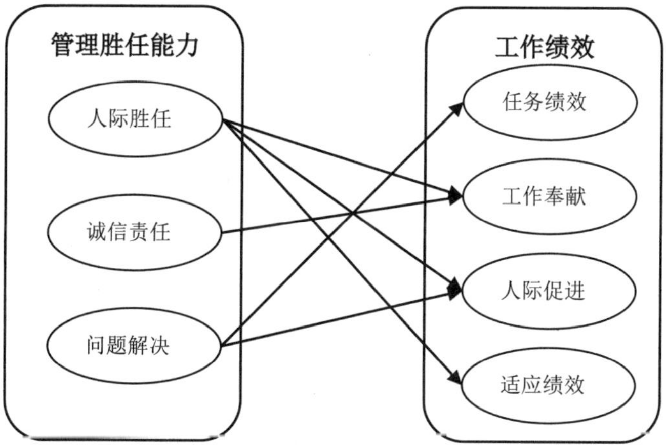

图 8-2　管理胜任特征与工作绩效维度关系

此外，从情景判断测验对工作绩效的预测效应随工作经验的变化模型看，总体而言，情景判断测验更加适合测量具有较高工作经验的管理者，说明情景判断测验对具有中高工作经验的管理者更加具有预测力，这与以往有关认知能力测验等的研究结果刚好相反。一些研究认为：随着管理者工作经验的增长，认知能力测验对工作绩效的预测力有降低的趋势（Farrell，McDaniel，2001；Schmitt，Mills，2001），也就是说认知能力测验对具有高工作经验管理者的预测力比较低。本研究认为，情景判断测验作为一种与认知能力测验在测量思路上存在很大差异的测验方式，由于能够较好的测量管理胜任特征，因此，对于具有中高工作经验的管理者具有更好的预测力，可以弥补认知能力测验的不足。

第 9 章　管理胜任能力情景判断测量的反应模式研究

9.1　反应模式研究的研究目的和研究假设

在近十多年来，有关情景判断测验效度的研究虽然很多，但是，对于情景判断测验效度影响因素的实证研究很少。虽然 McDaniel，et al（2001）的文献分类研究发现了一些对实践具有重要意义的结果，也为理解情景判断测验效度的影响因素提供了一些线索，但是，由于元分析研究中涉及的测验形式多样，效度检验的效标也各不相同，因而，效度分类研究的结果还有待进一步实证检验。

Ghiselli，Campbell，et al（1981）在有关行为科学的测量理论方面的论述中谈到：对于测验开发而言，项目开发模式和测验项目的赋权是影响测验效度的最重要因素。本研究主要想通过实证方式，研究这两方面因素对情景判断测验效度的影响。

前面已经提到，以往测验的开发主要存在两种不同的模式：实证开发模式（Empirical Keying）和同质量表模式（Homogeneous Scaling）。实证开发模式是基于项目效度来选择测验项目的方法，这种方法选择那些与外部效标间存在高度相关的项目，从而保证测量项目的有效性。同质量表模式是基于测验内部一致性的测验开发模式，这种方法选择那些与测验总分存在高度相关的项目，实际上，也是选择互相间存在高相关的项目。

有关测验开发模式的优劣存在很多的讨论，Mumford，Owens 等认为实证开发模式很难经得起时间的检验，基于实证思路开发的测验在应用于其他样本或进行交叉效度检验时，往往会有一定程度的缩水，效度缺乏稳定性。效度缩水的原因可能是测验开发样本不能充分反映测验要在其中使用的样本；也可能在于用于开发的效标与最终感兴趣的效标之间存在差异；还有一种可能是来自于实证开发模式本身的问题，即非理论导向的本质。但是，实证开发模式也有它的优势，从以往研究来看，基于实证模式开发的测验从保证效标关联效度出发，能够较好地捕捉预测指标与效标间的微妙关系。

同质量表开发模式强调测验项目间的内部一致性，更多的是一种理论导向的测验开发方式。Connelly 等（2000）认为同质量表模式开发的测验能较好的保证测验的普遍性和概化效度。同质量表开发模式由于能够较好的抓住绩效的先决因素，跨情景和时间的效度会大些，与实证开发思路相比，测验更加稳定，不易受不稳定因素的影响，有更好的外推性。但是，Roth（1998）等对基于同质量表的测验开发模式提出了一些批评，认为在测验中应该包含更多的社会性成分，它强调评价应中包含更多的关键社会情景信息成分，从工作情景中去理解和评价个体在跨情景条件下工作绩效差异，以保证测验具有更高的生态效度。在 Biodata 的研究中发现了理论导向的测验开发思路优于实证思路，但是，在情景判断测验的开发研究中，并没有支持这一结论（Weekly & Jones, 1999）。在此基础上，本研究假设：

假设 9：基于实证模式开发的情景判断测验与基于同质量表模式的测验在效标关联效度及其交叉效度上存在一定的差异；基于同质量表开发模式的情景判断测验在效度上更加具有稳定性。

对于不同赋权方式对情景判断测验效度的影响实证研究很少，Ghiselli 和 Campbell 等人认为基于主观的差异加权能够使得合成测验结果更精确、可靠和富有意义。Waugh 在美国军队有关情景判断测验的研究为这方面提供了一些实证的支持，在本研究中，希望通过实证比较的方式对不同赋权方式对情景判断测验效度的影响进行检验，在此基础上，本研究提出如下假设：

假设 10：情景判断测验中，由于信息利用等方面的不同，测验计分模式会对测验的效度产生影响。

Anastasi 和 Urbina（1997）等认为如果项目选择和效度检验都依赖于同一个样本，那么，这样获得的效度系数有可能会高估，为了能够准确地评价测验的效度，需要在其他的样本中进行交叉效度检验（Cross-validation）。为了对不同的测验开发模式进行比较，本研究采用测验样本作为选择项目的依据，然后，在另外的独立样本中，对情景判断测验的交叉效度进行检验，同时，比较不同测验开发模式对测验效度的影响。

9.2　反应模式研究的研究方法

9.2.1　效度检验样本

在测验开发样本的基础上，本研究希望对情景判断测验进行交叉效度检验，通过对情景判断测验效标关联效度在交叉效度检验样本中的稳定性考察，为情景判断测验的应用提供实证依据。在设计上，本研究分别在两个不同样本进行交叉效度检验，一个样本的总体和背景构成上类似于测验开发样本，称之为相似效度检验样本；另一个样本在被试构成上与测验开发样本间存在较大差异，称之为异质效度检验样本，下面分别是两个效度检验样本的介绍。

（1）相似效度检验样本

为了对情景判断测验的交叉效度进行检验，本研究对参与研究三取样的部分企业进行了跟踪取样，此次取样共发放问卷 80 份，回收有效问卷 60 份，有效问卷的回收率为 75%。

其中男性管理者占样本总数的 60%，女性管理者占 40%；一般管理人员占总数的 61%，而中高层管理者占 39%。在样本背景信息构成上，与测验开发样本相似。

（2）异质效度检验样本

本研究还对情景判断测验的效标关联效度在一个异质样本中进行了检验，效度检验样本的异质性主要体现在两个方面：一是样本背景信息不同于测验开发样本。异质交叉效度检验样本主要由浙江省知名的通讯公司在全国各地（其中包括浙江、江苏、广东、广西、甘肃、新疆、青海、深圳、北京、上海、湖南、青海、黑龙江、河南、河北等 22 个省市）的销售经理和销售主管组成。测验此次调查的销售经理以男性为主，平均年龄为 27.04 岁，平均工龄为 4.33 年，其中 97% 以上的管理人员具有本科及本科以上学历。

其次，还体现在交叉效度检验样本中所采用的效标与效度开发样本存在差异。在测验开发样本中，我们采用 Borman，Motowidlo 等人的工作绩效理论，采用管理者自评的方式对自身的工作绩效作出评价；而在该交叉效度检验样本中，我们采用了年度绩效考核作为效标，年度绩效考核又由两个部分组成：年度销售业绩和工作能力的上级评定。其中，年度销售业绩占 60% 的比重；工作能力年度评定占 40% 的比重，两方面数据的加权平均数之和为年度绩效考核总分。

在异质交叉效度检验研究中，共发放情景判断测验问卷 181 份，回收有效问卷 99 份，有效问卷的回收率为 55% 左右。同时，收集到了 95 名销售经理的年度绩效考评数据，作为情景判断测验效度检验的标准。

9.2.2 情景判断测验的赋权方式

本研究采用迫选式情景判断测验形式，要求参加测试的管理者选出在每道情景试题下“最可能采取的行为”和“最不可能采取的行为”，在此基础上，对情景判断测验研究和实践中最常用的三种赋权方式进行了比较。

方法 1：专家在管理者选出的“最有可能采取的行为”选项上的有效性评分，减去专家在管理者选出的“最不可能采取的行为”选项上的有效性评分，得到的差值作为管理者在该道情景判断测验试题上的得分。

方法 2：根据专家的行为有效性评价结果，对每个情景试题下的四个行为选项的有效性从“最佳”、“次佳”、“较差”和“最差”由高到低进行排序。在为“最可能采取的行为”选择进行计分时，如果被试正确的把“最佳”的行为选项选为最可能采取的行为，则计“4”分；如果把“次佳”的行为选项选为最可能采取的行为，则计“3”分；如果把“较差”的行为选项选为最可能采取的行为，计“2”分；如果被试把“最差”的行为选项选为最可能采取的行为，则计“1”分。

为“最不可能采取的行为”选择的计分则刚好相反。如果被试把“最佳”的行为选项选为最不可能采取的行为，则计“1”分；如果把“次佳”的行为选项选为最不可能采取的行为，则计“2”分；如果把“较差”的解决方法选为最不可能采取的行为，则相应的计“3”分；如果把“最差”的解决方法选为最不可能采取的行为，则计“4”分。每道情景试题下“最可能采取的行为”选择计分与“最不可能采取的行为”选择计分之和，构成了每道情景试题得分。这样，每道试题的得分区间为 [2，8]。

方法 3：根据专家的行为有效性评价结果，选出每个情景试题下的四个行为选项中“最佳”的行为选项和“最差”的行为选项，如果被试把“最佳”的行为选项选择为“最可能采取的行为”，或者把“最差”的行为选项选择为“最不可能采取的行为”时，计“1”分；如果被试把“最佳”的行为选项选择为“最不可能采取的行为”，或者把“最差”的行为选项选择为“最可能采取的行为”时，计“-1”分；在其他情况下，被试的选择都计“0”分。每道情景试题下“最可能采取的行为”选择的得分与“最不可能采取的行为”选择的得分之和，构成了每道情景试题得分。这样，每道试题的得分区间为 [-2，2]。

9.2.3　情景判断测验项目选择方式

前面已经提到了基于实证的项目选择方式和基于同质量表模式的项目选择方式。

实证方式选择试题项目的标准主要是看测验试题得分与总体绩效评价间的相关程度，选取那些与总体绩效间相关最高的试题项目。在测验项目与绩效总分间相关分析的基础上，本研究根据实证方式对测验试题进行了选择，情景判断测验各试题与绩效间的相关及各子量表的项目组成情况如表 9-1 和表 9-2 所示。

表 9-1　情景判断测验试题与绩效间的相关

人际胜任	$R_{i-0.}$	诚信责任	$R_{i-0.}$	问题解决	$R_{i-0.}$
试题 1	0.18*	试题 2	0.27**	试题 3	0.28**
试题 4	0.08	试题 11	0.16*	试题 15	0.10
试题 5	0.18*	试题 12	0.25**	试题 17	0.21**
试题 6	0.30**	试题 13	0.22**	试题 18	0.43**
试题 7	0.29**	试题 14	0.05	试题 20	0.33**
试题 8	0.24**	试题 16	0.08	试题 21	0.14

续 表

人际胜任	$R_{i-0.}$	诚信责任	$R_{i-0.}$	问题解决	$R_{i-0.}$
试题 9	0.09				
试题 10	0.17*				
试题 19	0.30**				
试题 22	0.22**				

注：R_{i-p} 表示试题项目与绩效总分间的相关系数；* $p<0.05$，** $p<0.01$

表 9-2 基于实证开发模式的情景判断测验试题构成

测验子量表	项目组成
关系胜任	试题 1；试题 5；试题 6；试题 7；试题 8：试题 10；试题 19；试题 22
诚信责任	试题 2；试题 11；试题 12；试题 13
问题解决	试题 3；试题 17；试题 18；试题 20

对于同质量表模式的项目选择方式，本研究采用每个情景判断测验试题得分与该试题所评价的测评维度总分间的相关作为选择标准，选择那些与维度总分之间存在更高相关的情景判断测验试题，构成新的情景判断测验。试题与维度总分相关以及最后确定的情景判断测验新测验如表 9-3、9-4 所示。

表 9-3 情景判断测验试题与所在维度总分间的相关

关系胜任	$R_{i-0.}$	诚信责任	$R_{i-0.}$	问题解决	$R_{i-0.}$
试题 1	0.32	试题 2	0.16	试题 3	0.37
试题 4	0.22	试题 11	0.19	试题 15	0.30
试题 5	0.39	试题 12	0.32	试题 17	0.39
试题 6	0.48	试题 13	0.50	试题 18	0.49
试题 7	0.52	试题 14	0.41	试题 20	0.41
试题 8	0.44	试题 16	0.38	试题 21	0.41
试题 9	0.18				
试题 22	0.50				

续　表

关系胜任	$R_{i-0.}$	诚信责任	$R_{i-0.}$	问题解决	$R_{i-0.}$
试题 10	0.31				
试题 19	0.46				
试题 22	0.50				

注：R_{i-1} 表示试题项目与各子量表测验总分间的相关

表 9-4　基于同质量表开发模式的情景判断测验试题构成

测验子量表	项目组成
人际胜任	试题 1；试题 5；试题 6；试题 7；试题 8：试题 10；试题 19；试题 22
诚信责任	试题 12；试题 13；试题 14；试题 16
问题解决	试题 17；试题 18；试题 20；试题 21

从两种不同模式的项目选择结果来看，对于人际胜任特征的项目选择而言，基于实证的选择模式与基于内部一致性的选择模式在结果上相同，这可能与情景判断测验在评价人际胜任特征时，在构思上更加精细有关。

9.3　反应模式研究的假设检验和结果分析

9.3.1　不同测验计分模式比较

如表 9-5 所示了不同的计分模式情景判断测验的效标关联效度，以及在交叉效度检验中的效标关联效度情况。

从表 9-5 中可以得到：在测验开发样本中，情景判断测验具有很好的效标关联效度，三种不同计分模式情景判断测验效度均值达到 0.43。McDaniel，et al（2001）对 102 个情景判断测验效度系数的元分析发现，情景判断测验的总体效度为 0.34，本研究得到的情景判断测验效标关联效度高于总体效度水平，因而，可以认为本研究开发的情景判断测验具有很高的效标关联效度。

表 9-5 不同计分模式情景判断测验的效标关系效度及交叉效度检验结果

计分方式	测验开发样本	效度检验样本（相似）	效度检验样本（异质）
专家判断	0.43	0.24	0.23
等距计分	0.45	0.29	0.18
两端计分	0.41	0.36	0.13

三种不同计分模式情景判断测验之间存在着很高的相关如表 9-6 所示，在测验开发样本中，三种不同计分模式情景判断测验间的效标关联效度并不存在大的差异。

表 9-6 不同计分模式情景判断测验得分间的相关

计分模式	测验开发样本			效度检验样本（相似）			效度检验样本（异质）		
	1	2	3	1	2	3	1	2	3
1. 专家判断	—			—			—		
2. 等距计分	0.98	—		0.97	—		0.97	—	
3. 两端计分	0.96	0.98	—	0.94	0.97	—	0.93	0.97	—

9.3.2 情景判断测验交叉效度检验结果

表 9-5 呈现了不同计分方式下，情景判断测验的交叉效度检验结果，从交叉效度检验结果来看：本研究中采用的情景判断测验具有很好的交叉效度，在相似检验样本中，情景判断测验的交叉效度均值为 0.31；在异质效度检验样本中，虽然在样本构成和绩效标准上存在很大的差异，情景判断测验也显示了 0.18 的交叉效度，说明情景判断测验的效度具有一定的稳定性，也部分反映了情景判断测验所测量的三维构思具有一定的普遍性。

在交叉效度检验中，情景判断测验效标关联效度的缩水主要与原有的测验效度特定于开发样本有关。在测验的开发过程中，我们删除了三道情景测验试题，这在一定程度上会使得在测验开发样本中高估情景判断测验的真实效度（Anastasi，Urbina，1997）。但是，本研究中，情景判断测验的开发更多的是基于理论假设，同时，测验试题调整项目相对于整体测验而言比例很小，因此，测验开发过程对交叉效度检验中效度的减少影响相对比较小。

在异质检验样本中，情景判断测验效度缩水较多又与两个方面的原因有关。第一个原因是本研究在测验开发样本和异质效度检验样本中所应用的效标差异，在测验开发样本中，研究采用了自评的工作绩效评价量表，而在交叉效度检验样本中，研究采用了客观的年度销售业绩与上级能力评定相结合的年度绩效考核业绩作为效标。年度销售业绩指标与上级能力评定指标与工作绩效自评指标相比，在评价过程中更少受社会称许性的影响，也更具有客观性，同样，由于年度绩效考核业绩指标中年度销售业绩占 60%，而年度销售业绩除了受到销售经理管理胜任能力影响外，还会受到更多缓冲变量的影响，这样也会影响情景判断测验与年度绩效考核业绩间的相关。从以往研究看，一般而言，以上级评定或是客观指标作为测验效标的测验研究比采用绩效自评数据作为测验效标的研究在效度上相对低些。第二方面的原因主要来自于测验样本构成上的差异。由于被试所从事的行业以及职务性质方面的不同，对管理者的胜任特征要求也有所差异，有可能会减弱原来情景判断所测量构思的预测力。

9.3.3　测验开发模式对情景判断测验效度的影响

为了能够对情景判断测验开发模式对效度的影响进行比较，前面已经提到了本研究采用等同样本交叉检验设计。由于在研究设计采用了在相近总体中进行随机取样的策略，能较好地保证测验开发样本与效度检验样本的等同性。这样，可以控制由于不同职务条件下对胜任特征的不同要求以及测验不利影响（Adverse Impact）等对研究结果的影响，从而能够基本保证结果的变异主要源自于不同测验开发模式。

如表 9-7 所示了不同测验开发模式下，情景判断测验的效标关联效度及其在等同效度检验样本中的效度变化情况。

表 9-7 不同测验开发模式对情景判断测验效度的影响

测验开发模式	测验开发样本			效度检验样本		
	R1	*R2*	*R3*	*R1*	*R2*	*R3*
实证开发模式	0.49	0.51	0.49	0.25	0.27	0.36
同质量表模式	0.41	0.43	0.39	0.26	0.30	0.37

注：R1 表示专家判断计分模式下的效标关联效度；R2 表示等距计分模式下的效标关联效度；R3 表示两端计分模式下的效标关联效度。

从表 9-7 中可以看出：在测验开发样本中，基于实证开发模式的新版情景判断测验在效标关联效度上明显高于母测验；而基于同质量表开发模式的新版情景判断测验在效标关联效度上与母测验相近。在三种不同计分模式下，基于实证开发模式的情景判断测验在效标关联效度上要比基于同质量表开发模式的情景判断测验高 0.08。

为了对两种不同模式下效度差异的稳定性进行检验，本研究在交叉效度检验样本中，同样对两种不同开发模式下效度差异进行了比较。从表 9-7 中可以看出，在交叉效度检验样本中，三种不同计分模式下基于同质量表开发模式的情景判断测验效度均值为 0.31；而基于实证开发模式的情景判断测验效度均值为 0.29，基于同质量表模式的情景判断测验的交叉效度要略高于基于实证开发模式的情景判断测验。

由此可见，虽然在测验开发样本中，实证开发模式测验的效度要略高于同质量表模式测验，但是，这种效度上的差异可能更多的来自于实证开发模式下对测验效度的高估（Cool，Campbell，1979；Anastasi，Urbina，1997）。交叉效度检验的结果支持了同质量表开发模式测验在效度上要优于实证开发模式的假设，同时显示了同质量表开发模式测验更加具有稳定性和普遍性。

9.3.4 测验开发模式对交叉效度检验中效度缩水的影响

从表 9-7 的比较中可以看出：基于同质量表模式的情景判断测验，在交叉效度检验样本中的平均缩水量为 0.10，远低于实证开发模式下 0.20 的效度缩水量。

在以往个人传记数据（Biodata）测验开发过程中，Mumford，Owens 等认为基于理论构思的测验在内容效度和构思效度上具有较好的稳定性，测验效度也具有更高的外推性（Mumford，Owens，1987；Mumford，Costanza，Connelly，Johnson，1996）。本研究结果发现，基于同质量表模式的情景判断测验在效标关联效度上更加具有稳定性，在交叉效度检验中表现更佳。

9.4　反应模式研究的讨论及研究结论

9.4.1　胜任能力情景判断测量反应模式研究的讨论

本部分研究在以往对情景判断测验效度影响因素的研究基础上，根据研究构思部分提出的构思导向的情景判断测验开发思路，比较了三种不同的计分模式以及两种不同的测验开发模式对情景判断测验效标关联效度的影响，并对不同模式开发的情景判断测验进行了交叉效度检验。

虽然国外已经有一些关于情景判断测验交叉效度检验的研究，但是，结合情景判断测验开发模式对效度影响的研究并不多见。通过本研究结果，我们可以发现：本研究中运用的情景判断测验在测验开发样本中具有很好的效标关联效度，其效度系数均值为 0.43。在交叉效度检验研究中，情景判断测验在相似检验样本的交叉效度均值为 0.31；在异质检验样本中也显示了 0.18 的效度水平。这说明本研究所运用的情景判断测验具有很好的效标关联效度，虽然情景判断测验的效度会由于样本的原因，在检验样本中出现一定程度的缩水（Anastasi，Urbina，1997），但情景判断测验的效度表现出了一定的稳定性。

此外，本研究分别比较了三种不同计分模式，从比较结果来看：三种计分模式下测验得分间存在高度相关，不同计分模式下测验的效度水平也不存在大的差异。

在测验开发样本中，实证开发模式的情景判断测验平均效度水平为 0.49，同质量表模式的情景判断测验效度水平为 0.41，实证开发模式的情景判断测验效度水平高于同质量表模式开发的情景判断测验；在交叉效度检验样本中，实证开发模式的情景判断测验效度为 0.29，而基于同质量表模式开发的情景判断测验效度为 0.31，在效度上要优于实证模式开发的情景判断测验。

尽管情景判断测验与传记经历数据（Biodata）等测验在形式上存在一定的差异，但是，从测验开发模式比较来看，基于理论导向的同质量表模式在指导情景判断测验开发上具有一定的优势。在以往研究中虽然有研究者提到，实证开发思路能够较好的捕捉一些预测指标与效标间的微妙关系（Mumford，Owens，1987）。但是，在实践中，往往由于过于数据驱动，会带来两个方面的问题：一是会使得测验的效度特定于测验开发样本，从而缺乏外推性；二是实证开发模式往往会高估测验在开发样本中的效度水平，这样获得的效度数据在效度检验中缺乏稳定性。

从本研究实证和同质量表两种项目选择模式的比较可以看出：在关系胜任特征的项目选择方面，两种不同的选择模式所产生的测验项目相同，其他两个维度的项目选择结果也存在相似之处。这说明了理论构思和实证支持两个方面同样的重要性。从研究结果得到启示，本研究认为在情景判断测验开发过程中应该强调整合开发思路，特别是对于象评价中心和情景判断测验这样更加强调应用性的研究，在关注实证的效度支持的同时，不能忽视对理论构思指导的关注，这一方面是值得进一步研究的问题。

本研究的结果较好的支持了理论假设，根据实证测验开发模式和同质量表测验开发模式的比较，支持了情景判断测验开发过程中理论构思支持的重要性，对情景判断测验的开发和研究具有重要的理论意义。通过对情景判断测验效标关联效度及其交叉效度检验，为情景判断测验在我国人事选拔与评价中的应用提供了很好的实证支持，对增进情景判断测验效度影响因素的了解也具有重要意义。

9.4.2　胜任能力情景判断测量反应模式研究的研究结论

（1）本研究开发的情景判断测验具有较好的效标关联效度，其效度水平与国外研究报告的总体效度水平相当。此外，虽然与开发样本相比，在相似样本和异质样本的交叉效度检验中，效度存在一定程度的缩水，但是，情景判断测验表现出了较好的交叉效度。

（2）不同的计分模式对情景判断测验的效度存在一定的影响，但是影响不大，从总体来看，不同计分模式之间相关比较密切。

（3）测验开发模式对情景判断测验存在显著影响。基于实证开发模式的情景判断测验在交叉效度检验中效标关联效度的缩水要远大于基于同质量表模式的情景判断测验。从交叉效度检验的总体结果看：基于同质量表模式的情景判断测验具有更好的效标关联效度及效度稳定性。

第 10 章 情景判断与行为判断测验效度来源研究

10.1 测验效度来源及问题解决策略的研究目的和研究假设

在文献综述部分已经提到：以往有关情景判断测验的研究很少涉及到对不同模式情景判断测验的比较研究，而有关管理者在不同情景判断测验中的评价判断基础和模式就更少涉及了。

本研究希望能够对情景式判断测验与行为式判断测验的测量属性进行比较，在此基础上，对管理者在两种不同模式情景判断测验下的问题解决策略进行初步探讨。Huffcutt，Campion，McDaniel 等人有关情景面试以及行为模式面试等的研究，为研究情景式判断测验以及行为式判断测验提供了研究上的思路（Huffcutt，et al，2001；Campion，Campion，Hudson，1994；McDaniel，et al，1994）；在实验设计上，Cool，Campbell，王重鸣等人有关不等同对照组实验设计的思路为本研究提供了良好的方法论基础（Cool，Campbell，1979；王重鸣，2002）；而 Clause 等有关情景判断测验平行测验开发策略的实证比较和探讨为我们研究不同模式情景判断测验的效用提供了较好的测量思路上的支持（Clause，et al，1998；Armstrong，Jones，Wang，1994）。

Smither，Reilly，et al（1993）在受测者对测验程序的反应研究中，发现受测者对情景测验的预测效度及表面效度知觉要远高于个性测验和认知能力测验等。个体对情景判断测验的高效度知觉能够提高被试参加测验的积极反应以及对测验的正面评价（Bauer，Maertz，Dolen，Campion，1998；Ployhart，Ryan，2000；Smither，et al，1993）。

本研究希望了解管理者对情景判断测验的评价，并通过实验对照的方式，进一步了解管理者对情景式判断测验与行为式判断测验的效度以及公平性知觉，探索管理者的测验有效性知觉对测验得分的影响。本研究认为个体对情景判断测验的高效度及公平性知觉主要来自于情景判断测验与管理者实际工作情景的关联性。由于情景式判断测验比行为式判断测验与管理者的实际工作情景联系更为紧密，因此，在情景的工作关联性方面要高于行为式判断测验。在此基础上，提出以下研究假设：

假设 11：管理者对情景判断测验有较好的效度及公平性知觉，管理者对情景式判断测验的效度及公平性知觉要高于行为式判断测验。

假设 12：个体的测验效度及公平性知觉会对情景判断测验得分产生积极影响。

在本研究总体设计部分已经提到，以往情景判断测验研究中忽视了个体在情景判断测验中的问题解决过程。本研究以 Newell，Simon 等有关个体问题解决研究为基础（Shaw，Simon，1958；Newell，Simon，1972；Simon，1990；Kahneman，Tversky，1984），对情景判断测验的过程进行研究。在 Simon 等提出的人类问题的解决始于对问题的表征和知觉、个体对问题的表征和知觉受到已有知识和工作经历影响基础上，结合情景判断测验以往研究，本研究认为情景判断测验更多体现人职组织匹配思路（金杨华，王重鸣，2001），并提出了管理者在情景判断测验中的三个影响因素或评价依据，分别为工作经验、相关管理知识和个性价值倾向（Weekly，Jones，1999；McDaniel，et al，2001；Weekly，Ployhart，2001），并提出以下研究假设：

假设 13：管理者在对情景判断测验进行知觉与判断时，受工作经验、管理知识以及个性价值等因素的共同影响。

文献综述部分已经提到，在以往研究中，Newell，Simon，et al（1972）指出个体问题解决方法和策略主要可以分为两大类：算法和启发式方法。算法主要表现为对问题的假设——检验，这种方法效率较低，是新手在问题解决过程中较多采用的方式；启发式方法则是利用一些经验性信息来帮助问题解决的方法，这种方法效率高、速度快，是专家解决问题的主要方式，其中常用的启发式方法策略包括启发式搜索和手段目标分析等，同时提出了个体所面临的任务环境结构决定问题空间的结构，而问题空间的结构又决定着个体在问题解决中可能采取的方法和策略的观点（Newell，Simon，1972）。由于情景式判断测验和行为式判断测验在任务特征上的差异，本研究认为这会影响管理者在情景判断测验过程中所采用的问题解决策略。情景式判断测验呈现的是一些典型的工作任务情景，管理者在问题解决是更倾向于根据以往类似情景进行处理；而行为式判断测验所呈现的问题更带有行为性，管理者在解决这类问题时可能更多的基于一贯的行为表现，采取行为激活策略。此外，对于新手则更可能采用前面提到的假设检验策略。

在此基础上，提出了以下理论假设：

假设 14：管理者在情景判断测验过程中的问题解决策略对测验得分有着重要影响，问题解决的启发式策略要优于假设检验策略。

假设 15：情景式判断测验中，管理者更倾向于采用启发式搜索策略；行为式判断测验中，管理者更倾向于采用行为激活策略；基于启发式策略的管理者在测验及工作绩效表现上要优于采取假设检验策略的管理者。

Haaland，Christiansen，et al（2002）等关于特征激活理论的研究使得人们更加关注情景测验内容和方法本身相对于构思测量的有效性。以往有关情景面试与行为面试的比较研究较多（Huffcutt，et al，2001；Campion，Campion，Hudson，1994），最近，洪自强（2002）在情景面试与行为面试的比较研究中发现：行为面试能够更好的解释个体的任务绩效和总体绩效。在提出了情景式判断测验与行为式判断测验的内部过程假设以后，本研究希望对情景式判断测验与行为式判断测验的效度来源及其与工作绩效间的关系进行检验。在以往研究的基础上，本研究认为：

假设 16：情景式判断测验与行为式判断测验的效度来源存在差异，情景式判断测验中包含了更多的社会性因素，因此，对周边绩效更有预测力；而行为式判断测验则能更好的预测个体的任务相关绩效。

10.2　测验效度来源及问题解决策略的研究方法

10.2.1　研究设计

在本研究设计上，我们采用了 Cool，Campbell，王重鸣等有关不等同对照组实验设计的思路（Cool，Campbell，1979；王重鸣，2002）。王重鸣在研究方法论述中指出所谓“不等同”主要是指参加研究各组之间至少有一种特征的“总体期望值不同”，并指出不等同对照组研究设计需要特别注意被试选取，所选取的样本尽可能从同一总体抽取或选用相似样本。

在这种思路的指导下，本研究通过在同一总体中进行随机取样，分别对两个相似样本进行调研，在实验处理上，尽量控制个体特征变量及其职务特征变量对研究结果的影响。

本研究关注的焦点是情景式判断测验与行为式判断测验的内部过程比较，因此，需要对情景式判断测验与行为式判断测验的测量构思进行严格的控制，只有在测量构思等同的情况下，才能够对测验的测量属性和内部过程进行比较。

为了达到这一目的，本研究以情景式判断测验为模板，根据 Clause，et al（1998）关于情景判断测验平行测验开发的实证研究，采用“项目克隆”（Item-Cloning）方法开发行为式判断测验。Clause 等的研究指出，由于情景测验具有情景特定性，因此，Nunnally，Bernstein，et al（1994）提出的传统领域取样（Domain-Sampling）平行测验开发模式并不能很好的保证测验间的平行性。而“项目克隆”平行测验构建方法能够使得平行测验中的每个项目与原测验中的各个项目都是一一对应，可以用来确保测验的多维性的，使原测验中的各种多维性（包括因素结构和项目本身的多维性）都能够在平行测验中体现。这种程序能够确保平行测验的均值、标准差和因素结构都与原测验一致。“项目克隆”平行测验开发方式在情景判断测验开发中的有效性已经得到了实证研究的支持。在平行测验开发技术的支持下，本研究开发了以情景式判断测验为模板的行为式判断测验作为研究材料，情景式判断测验与行为式判断测验在行为选项上基本保持一致，确保了测量构思的稳定性。

10.2.2 研究样本

本研究为了确保实验样本的相似性，在两个公司内进行随机取样，获取了情景式判断测验样本和行为式判断测验样本。研究发放了情景式判断测验研究问卷和行为式判断测验研究问卷各 80 份，回收了情景式判断测验有效问卷 60 份，行为式判断测验有效问卷 62 份。

在情景式判断测验样本构成上，男性被试占 60%，女性被试占 40%；一般管理者与中高层管理者的比例大约为 3∶2；在学历构成上，专科和本科学历占了样本总体的 90%；来自于行政管理部门、市场业务部门和生产技术部门的被试分别占 40%、50% 和 10% 左右，参与调研被试的平均工龄为 10.2 年。

在行为式判断测验样本构成上，男女被试的比重与情景式判断测验样本相似，大约为 11∶9；一般管理者占样本总体的 80% 左右；在学历构成上，也主要以专科和本科学历为主；来自于行政管理部门、市场业务部门和生产技术部门的被试分别占 25%、50% 和 25% 左右，被试的平均工龄为 6.2 年，低于情景式判断测验样本均值。从两个样本的总体构成情况来看比较接近，特别是在关键的职位特征变量上，两个样本相似。

10.2.3 测验过程研究材料

（1）情景判断测验反应评价量表

本研究以 Chan，Schmitt 等人的测验反应评价项目量表作为情景判断测验效度知觉和测验公平性知觉评价工具。原有问卷共包含 9 个项目，分别测量被试对测验的表面效度知觉、效标关联效度知觉和公平性知觉（Chan，Schmitt，Sacco，DeShon，1998）。在原测验的基础上，本研究对测验反应项目量表进行了探索性因素分析。因素分析采用 Kaiser 标准和方差最大旋转，从探索性因素分析结果来看，原来的两个项目归属不明显，项目的内部一致性低，本研究对这两个项目进行了剔除，探索性因素分析结果如表 10-1 所示。

探索性因素分析结果表明测验反应评价量表测量了两个主要构思：测验效度和测验公平性知觉。测验反应评价量表的两维构思明晰，测验效度知觉因素和测验公平性知觉因素分别解释了总变异的 37% 和 34%，共解释了总变异的 71%。

表 10-1 测验反应项目量表探索性因素分析结果

测验反应项目量表	因素 1	因素 2
因素 1：测验效度知觉，α=0.83		
我觉得该测验与工作所需的个人素质有着密切的联系	0.83	0.12
我觉得该测验的实际内容与工作任务之间是相关联的	0.83	-0.02
我确信该测验能很好的预测考生在工作中的行为表现	0.80	0.27
我觉得根据该测验的结果，能够较好的评价考生能力	0.72	0.39
因素 2：测验公平性知觉，α=0.84		
我觉得用这种测验能较好的筛选考生，给他们公平机会	0.20	0.86
我觉得在工作中用这种测验选拔人员会是比较公平的	0.16	0.85
我觉得用这种测验可以减少个人偏好给选拔带来的影响	0.11	0.85

（2）情景判断测验知觉和问题解决策略评价

对情景判断测验的知觉和问题解决策略评价包括两个方面：一是管理者在对测验情景进行评价和判断过程中的影响因素，主要包括对以往工作经验、管理相关知识以及个性价值取向因素的影响进行自我评价，评价采用 7 点量表的形式进行；二是让管理者在情景判断测验过程中，对解决所面临情景问题时的主要模式进行报告，在个案访谈和以往研究分析的基础上，本研究主要比较情景判断测验过程中的启发式搜索策略、行为激活策略和假设检验策略。

启发式搜索策略主要根据搜索以往工作中遇到类似情景时的处理方式作为解决问题的依据；行为激活策略主要以自己以往工作中一贯的行为表现和类似反应为依据；而假设检验策略主要是先根据情景提出各种可能假设，再找出符合假设的行为选项。

10.3 测验效度来源及问题解决策略的假设检验与结果分析

如表 10-2、10-3 所示了在情景式判断测验样本和行为式判断测验样本中一些主要变量间的描述性统计结果和相关矩阵。

表 10-2 情景式判断测验描述统计结果与相关矩阵

	M	SD	1	2	3	4	5	6	7	8	9	10
测验反应量表												
1. 效度知觉	4.89	1.00										
2. 公平知觉	3.84	1.26	0.38**									
情景判断测验												
3. 人际胜任	6.64	0.55	0.30*	0.03								
4. 诚信责任	6.45	0.71	-0.03	0.04	0.41**							
5. 问题解决	7.06	0.50	0.22	0.15	0.27*	0.38**						
6. 测验总分	6.76	0.41	0.24	0.11	0.77**	0.80**	0.60**					
工作绩效评价												
7. 任务绩效	5.70	0.64	0.13	0.29*	0.13	0.22	0.04	0.15				
8. 工作奉献	6.17	0.57	0.00	0.12	0.26*	0.30*	0.04	0.27*	0.63**			
9. 人际促进	6.31	0.67	0.10	0.23	0.28*	0.43**	0.17	0.33*	0.51**	0.53**		
10. 适应绩效	5.33	0.77	-0.10	0.09	0.21	0.24	0.07	0.24	0.65**	0.63**	0.43**	
11. 总体绩效	5.93	0.54	0.03	0.22	0.26*	0.37**	0.10	0.29*	0.85**	0.84**	0.75**	0.85**

* $p<0.05$, ** $p<0.01$

表 10-3 行为式判断测验描述统计结果与相关矩阵

	M	SD	1	2	3	4	5	6	7	8	9	10
测验知觉量表												
1. 效度知觉	4.73	1.22										
2. 公平知觉	3.79	1.20	0.42**									

续　表

	M	SD	1	2	3	4	5	6	7	8	9	10
行为判断测验												
3. 人际胜任	6.38	0.64	0.46***	0.18								
4. 诚信责任	6.18	0.83	0.36***	0.32	0.45**							
5. 问题解决	6.78	0.65	-0.03	-0.02	0.48**	0.51**						
6. 测验总分	6.43	0.57	0.32*	0.21	0.77**	0.84**	0.80**					
工作绩效评价												
7. 任务绩效	5.46	0.76	0.31*	-0.09	0.24	0.27*	0.31*	0.32*				
8. 工作奉献	5.96	0.72	0.42**	-0.04	0.26*	0.26*	0.19	0.28*	0.64**			
9. 人际促进	6.17	0.73	0.21	-0.18	0.21	0.04	0.13	0.13	0.46**	0.64**		
10. 适应绩效	5.50	0.84	0.28*	-0.02	0.29*	0.35**	0.29*	0.37**	0.58**	0.70**	0.60**	
11. 总体绩效	5.78	0.64	0.36**	-0.09	0.30*	0.28*	0.28*	0.34*	0.80**	0.89**	0.80**	0.87**

$^{*}p<0.05$，$^{**}p<0.01$

相关分析结果表明情景判断测验、测验项目反应量表以及工作绩效问卷三个测验内部各个维度之间均存在显著正相关。从总体情况看，两组被试在测验效度知觉与公平性知觉间的相关近似，分别为0.38和0.42。行为式判断测验组被试在工作绩效问卷四个维度间的相关均值略高于情景式判断测验组。

基于项目克隆策略开发的行为式判断测验，在三维胜任特征的均值及标准差上与情景式判断测验相近。虽然行为式判断测验总体得分略低，但是，行为式判断测验和情景式判断测验在胜任特征各维度的得分均值高低顺序一致。说明基于项目克隆策略开发的平行测验—行为式判断测验与情景式判断测验具有较好的等同性。

情景式判断测验测量的三维胜任特征间的相关模式与行为式判断测验测量的三维胜任特征间的相关模式存在一些差异，这体现了情景式判断测验与行为式判断测验的差异。从人际胜任、诚信责任和问题解决特征与情景式判断测验总分之间的相关模式可以部分的认为：相比较而言，情景式判断测验能较好的评价管理者的诚信责任和人际胜任特征，而对问题解决特征的评价相对弱些；行为式判断测验相对能够较好地评价管理者的诚信责任和问题解决特征，而对人际胜任特征的评价相对弱些。

10.3.1 情景判断测验效度及公平性知觉分析

（1）情景式判断测验与行为式判断测验效度及公平性知觉比较

从表 10-2、10-3 可以看出：情景式判断测验与行为式判断测验在效度知觉量表上的得分高于一般水平，这说明不管是情景式判断测验还是行为式判断测验，管理者对测验都具有积极的效度评价。但从公平性知觉方面的得分看，情景式判断测验和行为式判断测验在公平性知觉上的得分略低于一般水平，这与一些管理者较消极得看待目前一些人事选拔与评价工具有关，说明国内有关人事选拔与评价方面的研究还有待加强。从两组被试得分比较来看，管理者对情景式判断测验的效度知觉和公平性知觉上要略高于行为式判断测验，本研究认为这与情景式判断测验比行为式判断测验与管理者的实际工作情景联系更为紧密有一定的关系。

（2）测验效度及公平性知觉与测验得分间关系

Chan，Schmitt 等的研究表明测验的效度知觉和积极的受试者反应对被试参与测试动机有着一定的影响。（Chan，Schmitt，DeShon，Clause，Delbridge，1997）。本研究通过对测验项目反应量表与测验得分以及总体绩效间的相关分析发现：管理者的效度知觉与测验得分之间存在正相关，在行为式判断测验组，测验效度知觉与总体绩效间存在显著正相关，但这种关系并没有在情景式判断测验组得到一致的支持。从总体上看：管理者测验效度知觉与测验得分和绩效间的关系要比公平性知觉更紧密。

10.3.2 情景式判断测验与行为式判断测验问题解决策略比较

（1）个体判断影响因素与情景式判断测验和绩效间的关系

以往研究表明，个体在问题解决过程中主要依赖以往工作经验和领域知识。而在情景判断测验的以往研究中已经发现，个体在情景判断测验中的表现与个性特征、工作知识、工作经验等存在着显著相关（Mullins，Schmitt，1998；Weekley，Ployhart，2001）。为了对管理者在测验情景中的知觉和判断依据进行研究，本研究分析了管理者自我报告的工作经验、管理知识和个性价值依据与情景判断测验及其绩效表现间的相关。如表 10-4、10-5 所示：

表 10-4　个体判断影响因素与情景式判断测验和绩效间的关系

	M	SD	1	2	3	4
影响因素						
1. 工作经验	5.48	1.28				
2. 管理知识	5.12	1.30	0.25			
3. 个性价值	5.03	1.54	-0.02	0.18		
结果变量						
4. 情景判断测验	6.76	0.40	0.02	0.25^{+}	-0.12	
5. 总体绩效表现	5.93	0.54	0.29^{*}	0.18	0.14	0.29^{*}

$^{*}p<0.05$，$^{+}p<0.10$

表 10-5　个体判断影响因素与行为式判断测验和绩效间的关系

	M	SD	1	2	3	4
影响因素						
1. 工作经验	5.40	1.27				
2. 管理知识	4.81	1.46	0.31^{*}			
3. 个性价值	5.27	1.56	0.07	0.02		
结果变量						
4. 情景判断测验	6.43	0.57	0.20	0.34^{*}	-0.04	
5. 总体绩效表现	5.78	0.64	0.47^{**}	0.26^{*}	0.17	0.34^{*}

$^{*}p<0.05$，$^{**}p<0.01$

从表 10-4、10-5 可以看出：管理者自我报告的工作经验和管理知识依据与测验得分及绩效表现间的关系要比个性价值依据更强。

（2）两组被试问题解决策略倾向性比较

在本研究的假设部分提出：情景式判断测验中，由于问题更具有情景性，管理者更倾向于采用启发式搜索策略，也就是说，管理者更多的将通过情景试题中提供的线索，通过搜索以往工作经历中遇到类似情景时的处理方式，作为问题解决的主要依据；行为式判断测验的行为性更强，管理者更倾向于采用行为激活策略，管理者在面临行为式测验试题时，更多的依据试题提供的刺激特征，根据以往工作中的一贯行为表现和反应倾向作为判断的依据。

如表 10-6 所示了两组管理者在面临不同类型的问题情景时，所采用的问题解决策略频次统计结果。从分析结果可以看出，在情景式判断测验中，更多的管理者倾向于采用启发式搜索策略（占被试总体的 40%），而在行为式判断测验中，近一半的管理者倾向于采用行为激活策略。

表 10-6 管理者问题解决策略频次统计比较

被试组	启发式搜索策略		行为激活策略		假设检验策略	
	频次	百分比（%）	频次	百分比（%）	频次	百分比（%）
情景式判断测验	24	40	21	35	15	25
行为式判断测验	18	36	25	50	7	14

情景式判断测验被试组中采用假设检验策略的比例要远高于行为式判断测验被试组，这可能与情景式判断测验所呈现的问题在复杂性上要高于行为式判断测验有关。与问题解决的启发式策略相比（包括启发式搜索策略和行为激活策略），在两组被试中，采用假设检验策略的管理者所占比例相对较低。管理者问题解决策略频次统计比较支持了情景式判断测验中管理者更倾向于采用启发式搜索、行为式判断测验中管理者更多采用行为激活策略的理论假设。

（3）问题解决策略与测验得分及绩效间的关系比较

为了对不同问题解决策略下情景式判断测验得分与绩效进行比较，本研究采用独立样本 T 检验方法进行了统计分析，分析结果如下：

①情景式判断测验被试组统计分析结果如表 10-7~10-9 所示：

表 10-7　启发式搜索与行为激活策略下测验得分及绩效表现的差异检验

问题解决策略	情景式判断测验		总体绩效表现	
	M	SD	M	SD
启发式搜索策略	6.94	0.26	6.12	0.53
行为激活策略	6.54	0.42	5.85	0.55
齐性检验 F 值	1.71		0.22	
差异检验 t 值	3.74**		1.69+	

+p，**p

表 10-8　启发式搜索与假设检验策略下测验得分及绩效表现的差异检验

问题解决策略	情景式判断测验		总体绩效表现	
	M	SD	M	SD
启发式搜索策略	6.94	0.26	6.12	0.53
假设检验策略	6.72	0.46	5.74	0.50
齐性检验 F 值	5.27*		0.21	
差异检验 t 值	1.64		2.25*	

*p

表 10-9　行为激活策略与假设检验策略下测验得分及绩效表现的差异检验

问题解决策略	情景式判断测验		总体绩效表现	
	M	SD	M	SD
行为激活策略	6.54	0.42	5.85	0.55
假设检验策略	6.72	0.46	5.74	0.50
齐性检验 F 值	0.39		0.00	
差异检验 t 值	-0.15		0.62	

从情景式判断测验被试组的独立样本 T 检验结果来看：在情景式判断测验评价过程中，基于启发式搜索策略的管理者在测验得分上要高于采用行为激发式模式和假设检验策略的管理者，基于启发式搜索策略的管理者在情景式判断测验的得分要比行为激活策略的管理者高 1.00 标准差以上，比基于假设检验策略的管理者高近 0.60 标准差。同样，基于启

发式搜索策略的管理者在总体工作绩效上要高于其它两种模式的管理者，差异在 0.60 标准差左右。从行为激活策略组管理者与假设检验策略组管理者的比较结果来看，这两组管理者在情景判断测验得分和总体工作绩效上并不存在大的差异。

②行为式判断测验被试组统计分析结果

同样，为了对不同问题解决策略下行为式判断测验得分与绩效进行比较，本研究采用独立样本 T 检验方法进行了统计分析，分析结果如表 10-10~10-12 所示：

表 10-10　启发式搜索策略与行为激活策略下测验得分及绩效表现的差异检验

	行为式判断测验		总体绩效表现	
问题解决策略	M	SD	M	SD
启发式搜索策略	6.40	0.57	5.77	0.33
行为激活策略	6.41	0.65	5.72	0.74
齐性检验 F 值	0.35		12.95**	
差异检验 t 值	-0.04		0.29	

** *p*

表 10-11　启发式搜索策略与假设检验策略下测验得分及绩效表现的差异检验

	行为式判断测验		总体绩效表现	
问题解决策略	M	SD	M	SD
启发式搜索策略	6.40	0.57	5.77	0.33
假设检验策略	6.34	0.50	5.64	1.18
齐性检验 F 值	0.01		11.31**	
差异检验 t 值	0.22		0.44	

** *p*

表 10-12　行为激活策略与假设检验策略下测验得分及绩效表现的差异检验

问题解决策略	行为式判断测验		总体绩效表现	
	M	SD	M	SD
行为激活策略	6.41	0.65	5.72	0.74
假设检验策略	6.34	0.50	5.64	1.18
齐性检验 F 值	0.31		1.51	
差异检验 t 值	0.23		0.22	

从行为式判断测验被试组的独立样本 T 检验结果来看：启发式搜索、行为激活和假设检验策略被试组在行为式判断测验及总体绩效上不存在显著差异。

不同被试组在问题解决策略上的比较部分支持了在情景式判断测验中，启发式搜索策略对测验得分有积极影响的理论假设。在行为式判断测验的评价过程中，虽然更多的管理者采用行为激活问题解决策略，但是，独立样本 T 检验结果没有能够支持行为激活策略对行为式判断测验得分有积极影响的理论假设。

10.3.3　情景式判断测验与行为式判断测验的效标关联效度模型比较

从表 10-2、10-3 可以看出：情景式判断测验与行为式判断测验都具有较好的效标关联效度，情景式判断测验的效标关联效度为 0.29，行为式判断测验的效标关联效度为 0.34，行为式判断测验的效标关联效度略高于情景式判断测验。

前面已经提到，在进行情景式判断测验与行为式判断测验的效度比较时，我们更加关注的是两种不同类型测验的效标关联效度来源。为了能够对情景式判断测验和行为式判断测验的效标关联效度来源进行深入比较，本研究分别对情景式判断测验和行为式判断测验与工作绩效各维度间的关系进行了回归分析。如表 10-13、10-14 所示了回归分析的结果。

表 10-13 情景式判断测验得分对工作绩效维度的回归分析结果

	回归系数 β	T 值	回归方程 F 值	调整 R^2
任务绩效	0.15	1.08	1.17	0.00
工作奉献	0.27	2.06^{*}	4.25^{*}	0.06
人际促进	0.33	2.56^{*}	6.54^{*}	0.09
适应绩效	0.24	1.78^{+}	3.15^{+}	0.04

$^{*}p$ ^{+}p

表 10-14 行为式判断测验得分对工作绩效维度的回归分析结果

	回归系数 β	T 值	回归方程 F 值	调整 R^2
任务绩效	0.32	2.53^{*}	6.38^{*}	0.09
工作奉献	0.28	2.16^{*}	4.67^{*}	0.06
人际促进	0.13	0.98	0.96	0.00
适应绩效	0.37	2.94^{**}	8.64^{**}	0.12

$^{+}p<0.10$ $^{*}p<0.05$ $^{**}p<0.01$

从回归分析结果可以看出：情景式判断测验对管理者的工作奉献和人际促进绩效维度更有预测力，根据 Van Scotter，Motowidlo，et al（1996）的观点，工作奉献和人际促进属于周边绩效的范畴，这表明情景式判断测验更能预测管理者周边绩效，与周边绩效之间的关系更加紧密；而行为式判断测验则能够更好地预测管理者的任务绩效与适应性绩效。

10.4 测验效度来源及问题解决策略的讨论

本研究的主要目的有两个：一是以 Newell，Simon，et al（1972）关于问题解决研究为基础，对管理者在情景判断测验过程中的问题解决策略进行初步的探讨；二是通过平行测验开发策略，开发行为式判断测验，在保证情景式判断测验与行为式判断测验测量等同构思的基础上，比较情景式判断测验与行为式判断测验的效度、效度知觉以及问题解决策略差异，同时，对情景式判断测验和行为式判断测验的效度来源进行分析。通过实证分析，研究发现了一些具有重要理论和实践意义的结果，对情景判断测验在人事选拔与评价中的应用以及未来进一步的研究具有一定的指导意义。

10.4.1　情景判断测验平行测验开发

人事选拔与评价领域中的一个重要方面是平行测验的开发。为了能够保证本研究运用的情景式判断测验与行为式判断测验在所测量构思上的等同性，我们采用了 Clause，et al（1998）提出的基于项目克隆的平行测验开发策略。Clause 等认为这种开发策略对象情景判断测验这样在构思上比较复杂的测验形式是非常有效的。

研究结果表明了基于项目克隆策略开发的行为式判断测验在测量构思上与情景式判断测验存在一定的等同性。行为式判断测验在三维胜任特征的均值及标准差上与情景式判断测验相近。虽然行为式判断测验总体得分略低，但是，行为式判断测验和情景式判断测验在胜任特征各维度的得分均值高低顺序一致。如果能够根据两个样本的情景，分别对情景式判断测验和行为式判断测验的构思异同进行验证型检验的话，就能够提供更加充分的构思等同性证据。但遗憾的是，当前研究由于样本较小，无法对测验的构思异同进行比较检验，这一方面是未来值得进一步研究的问题。

10.4.2　情景判断测验效度及公平性知觉

高表面效度和低不利影响一直被认为是情景判断测验的优势所在。Smither,Reilly，et al（1993）的研究发现受测者对情景判断测验的预测效度及表面效度知觉要远高于个性测验和认知能力测验。同时，测验的效度知觉能够提高被试参加测验的积极性以及对测验结果的正面反应和评价（Bauer，Maertz，Dolen，Campion，1998；Smither，et al，1993）。当前研究并没有对情景判断测验效度及公平性知觉与其他测验形式进行比较，而是通过管理者自我报告的形式进行了情景判断测验效度及公平性知觉研究。

从研究结果看，测验的效度及公平性知觉问卷具有较好的内在结构，我们发现管理者对情景判断测验具有积极的效度知觉，但是，在公平性知觉评价上低于一般水平。导致管理者对情景判断测验公平性知觉评价不高可能与如下原因有关：本研究采用的公平性知觉调查主要是围绕情景判断测验作为评价和选拔的工具进行，让被试在完成了情景判断测验试题之后，对测验的公平性作出评价。由于研究中只采用了情景判断测验这一种测验形式，而目前很多的人事选拔与评价都采用了组合测验的形式，因此，一些管理者可能会认为采用单一的情景判断测验形式作为选拔与评价手段还难以保证测验的公平性。

从总体上看：管理者效度知觉与测验得分之间存在正相关，在行为式判断测验组，测验效度知觉与总体绩效间正相关显著，管理者测验效度知觉与测验得分和绩效间的关系要比公平性知觉与绩效间的关系更紧密。

10.4.3 情景判断测验中管理者问题解决策略

情景判断测验中管理者问题解决策略研究是理解情景判断测验过程的一个重要方面。在以往研究中，还没有研究者应用问题解决理论（Newell，Simon，1972）对情景判断测验过程进行探讨。通过个案访谈和以往研究回顾，本研究提出了情景判断测验问题解决的三种基本策略。

通过管理者在情景式判断测验和行为式判断测验中的问题解决策略比较研究较好的支持了研究假设。在情景式判断测验中，更多的管理者采用启发式搜索策略；而在行为式判断测验中，近一半的管理者报告使用了行为激活策略。这可能与情景式判断测验与行为式判断测验任务特征不同所致。情景式判断测验中，由于管理者面临的任务更具有情景性，管理者更多的通过搜索以往工作经历中遇到类似情景时的处理方式，作为问题解决的主要依据；行为式判断测验的行为性更强，管理者更多的依据试题提供的刺激特征，根据以往工作中的一贯行为表现和反应倾向作为判断的依据。

本研究通过独立样本 T 检验方法，对采取不同问题解决策略管理者的测验得分及绩效表现进行了比较。研究结果部分支持了在情景式判断测验中，启发式搜索策略对测验得分有积极影响的理论假设。但是，独立样本 T 检验结果没有能够支持行为激活策略对行为式判断测验得分有积极影响的理论假设。

本研究通过应用人类问题解决思路，对情景判断测验过程进行了初步的探讨，只是作为抛砖引玉。对于管理者在情景判断测验中的问题解决策略，以及问题解决的不同策略对测验得分影响还有很多方面值得进一步深入研究，比如，高绩效管理者与一般管理者在情景判断测验问题解决上的差异，情景判断测验问题解决策略的检验等都是值得未来研究的课题。

10.4.4 情景判断测验效度及效度来源

情景判断测验的效度来源一直是研究者非常感兴趣的焦点问题，但遗憾的是，以往研究并没有很好的回答这个问题。本研究通过对情景式判断测验和行为式判断测验的比较，试图对这一问题进行剖析，研究的结果对于理解情景判断测验的效度来源具有重要的理论意义。

从研究结果看：情景式判断测验与行为式判断测验都具有较好的效标关联效度，情景式判断测验的效标关联效度为 0.29，行为式判断测验的效标关联效度为 0.34，行为式判断测验的效标关联效度略高于情景式判断测验。

通过情景判断测验与工作绩效各维度间的回归分析，本研究发现：情景式判断测验对于工作奉献和人际促进等维度更有预测力；而行为式判断测验对于任务绩效和适应性绩效等维度更有预测力。

在回归分析基础上，本研究构建了两种类型情景判断测验与工作绩效各维度间的关系图，如图 10-1 所示，从关系图可以看出：情景式判断测验与行为式判断测验在效标关联效度来源上存在较大差异，情景式判断测验的效标关联效度更多的来自于对管理者工作奉献和人际促进等周边绩效的预测力；而行为式判断测验的效标关联效度则更多的来自于对管理者任务绩效和适应性绩效的预测力。

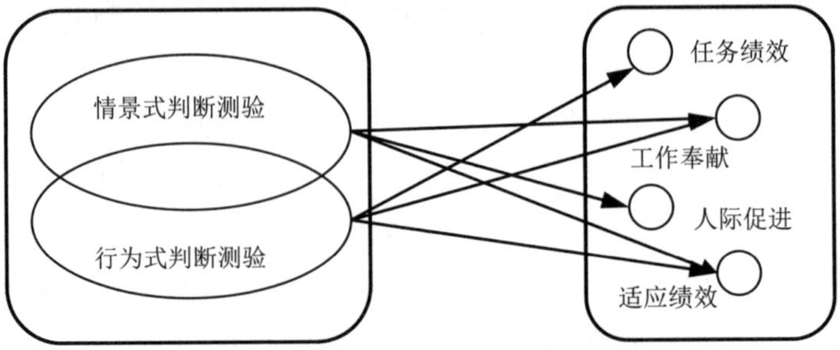

图 10-1 情景式及行为式判断测验与工作绩效维度间的关系

情景式判断测验与行为式判断测验与工作绩效维度间的关系差异，体现了两种类型情景判断测验的效标关联效度来源。从表 10-2、10-3 呈现的结果看，我们认为：相比较而言，情景式判断测验能较好的评价管理者的诚信责任和人际胜任特征，而对问题解决特征的评价相对弱些；行为式判断测验相对能够较好的评价管理者的诚信责任和问题解决特征，而对人际胜任特征的评价相对弱些。前面研究的已经发现了管理胜任特征与工作绩效各维度间的关系（见图 9-2），结果表明管理者的问题解决特征最能预测任务绩效，人际胜任特征能够较好的预测管理者的周边绩效及适应性绩效，而诚信责任特征则能够较好的预测管理者的工作奉献。因此，我们认为：从更深层次而言，情景判断测验的效度来自于对管理胜任特征的捕捉，而管理胜任特征能够较好的预测工作绩效，相比较来说，情景式判断测验的效标关联效度更多的来自于对人际胜任特征和诚信责任特征的良好捕捉；而行为式判断测验的效标关联效度更多的来自于对管理者问题解决特征、诚信责任特征的良好捕捉。

10.4.5 研究结论

（1）管理者对情景判断测验具有积极的效度知觉，情景判断测验的公平性知觉得分低于一般水平；管理者对情景式判断测验的效度及公平性知觉略高于行为式判断测验。

（2）情景式判断测验和行为式判断测验均具有较好的效标关联效度，行为式判断测验的效度高于情景式判断测验，效度系数分别为 0.34 和 0.29。

（3）在解决情景式判断测验问题时，管理人员倾向于采用启发式搜索策略；而在解决行为式判断测验问题时，管理人员倾向于采取行为激活策略；启发式搜索策略对管理人员的情景式判断测验得分及工作绩效表现有着积极的影响，但没有发现行为激活策略对行为式判断测验得分及工作绩效表现的积极影响。

（4）情景式判断测验的效标关联效度更多的来自于对管理者工作奉献、人际促进等周边绩效以及适应性绩效的预测力；而行为式判断测验的效标关联效度则更多的来自于对管理者工作奉献、任务绩效和适应性绩效的预测力。

第 11 章 管理胜任特征情景判断测验研究总结

随着战略性人力资源管理的发展和“数字经济”时代的来临，人们越来越认识到了人力资源管理与企业竞争优势获取及长远发展间的紧密联系。人事选拔与评价是人力资源管理中的重要研究领域，也是人力资源管理的起点，会对提高人力资源开发效益、高素质人才队伍的建设、人力资源的合理配置和利用等方面产生重要影响。在 20 世纪 70 年代，人力资源管理中胜任特征研究思路提出以后，极大的推动了人事选拔与评价研究的发展，管理胜任特征的评价更是成为研究和实践中的焦点问题，而情景评价被认为是管理胜任特征非常好的评价方法，因此，对管理胜任特征的情景评价研究具有重要的理论和实践意义。

本研究主要通过管理胜任特征的情景判断测验实证研究，对人力资源管理中管理胜任特征的情景评价进行了初步的探讨。情景判断测验作为一种非常有前途的人事选拔与评价方法，在 20 世纪 90 年代初 Motowidlo 等把它作为“低度仿真模拟”测验重新引入和改进之后，情景判断测验的优势也渐渐体现出来，成为人力资源管理实践中的一种重要测评手段。本研究通过实证调研方式，从目前情景评价和情景判断测验研究中有待解决的问题为出发点，对人员选拔和评价实践中情景判断测验的理论问题进行比较系统的研究。下面，我们将从研究的主要结论、研究的理论和实践意义进行总结，并提出了一些值得进一步研究的问题。

11.1 主要研究结论

本研究以构思导向的情景评价测验研究为指导，从目前人力资源研究中的管理胜任特征思路出发，通过半结构化访谈和行为事件调查对管理胜任特征进行归纳。经过标准化的情景评价测验开发程序，构建了情景判断测验。在此基础上，对测验的构思效度进行验证，提出情景判断测验测量构思的多维层次模型，并通过多方法多特征验证型因素分析，对情景判断测验的聚合效度进行了检验，探讨了情景判断测验所测量的管理胜任特征与工作绩效维度间的关系，并对个体及职位特征变量对管理胜任特征与工作绩效间关系的缓冲效应进行了分组检验。最后，以 Newell，Simon，et al（1972）人类问题解决以往研究为基础，对管理者在情景式判断测验和行为式判断测验这两种情景评价中的问题解决策略进行了研究，探讨了情景评价测验过程。同时，研究比较了不同测验开发模式对效度的影响，并对情景式判断测验和行为式判断测验这两种情景评价的效标关联效度进行了比较检验。下面我们将从五个方面对研究的主要结论进行归纳和总结。

11.1.1 情景判断测验测量构思的多维层次性

情景判断测验到底是测量了 Wagner，Sternberg，et al（1988，1995）提出的单一构思—内隐知识，还是反映了 Chan，Schmitt，et al（1997）的多维构思观点？在研究的第四部分探索性因素分析发现情景判断测验测量了三维构思，在此基础上，通过运用验证型因素分析方法对单一构思模型和多维层次模型进行了比较检验。检验结果表明情景判断测验的多维构思模型在 χ^2 检验及拟合度指标上要明显优于单一构思模型，有力的支持了情景判断测验测量了多维构思的假设，从更高阶因素来看，情景判断测验所测量的人际胜任、诚信责任和问题解决三维胜任特征在更高阶因素管理胜任能力上聚合。

本研究采用了胜任能力自评量表作为情景判断测验构思效度的旁证工具，通过多特征多方法设计，对情景判断测验的聚合效度进行检验。研究结果表明测验具有良好的聚合效度，三维胜任特征的平均聚合效度在 0.34 左右。此外，研究中采用了结构方程技术对多方法多特征模型进行检验，模型检验过程中采用了替代模型比较检验策略，比较了三种替代假设模型的检验结果，本研究发现单纯方法模型和单一特征多方法模型在拟合度上不理想，而多特征多方法模型具有较好的拟合度，这一结果表明除了测量特征对情景判断测验得分有影响外，测量方法本身也起了一定的影响。

情景判断测验测量构思多维层次性的提出，对于澄清情景判断测验构思效度方面的争论具有重要的理论意义。研究结果支持了构思导向的情景评价测验开发思路，反映了人力资源管理领域目前在人事测评方面的研究趋势，为以后管理胜任特征的情景评价测验开发提供了理论上的支持。

11.1.2 管理胜任特征与工作绩效关系的权变性

从管理胜任能力研究思路来看，对管理胜任特征效应的评价不能离开背景变量及职位要求。通过方差分析，本研究发现：不同性别、职位层次、工作类型的管理人员在情景判断测验表现上存在差异；来自不同所有制特征企业的管理者在情景判断测验得分上也存在一些差异。体现了不同背景及职位要求条件下管理胜任特征的权变性。

女性管理人员在情景判断测验得分上显著高于参与测验的男性管理人员。在测验总分上，性别差异达到了 0.45 标准差，部分体现了情景判断测验在性别上的不利影响。中高层管理人员在情景判断测验上的得分显著高于一般管理人员。具体而言，中高层管理人员在人际胜任特征和问题解决特征上显著高于一般管理人员，这一结论支持了王重鸣等在中国文化背景下管理者内隐胜任特征建模研究结果与假设（Wang，2002；王重鸣，2002）。市场业务类管理人员在人际胜任维度上的得分显著高于行政管理类和市场技术类管理人员，部分体现了不同职位类型对管理胜任特征的不同要求。不同所有制企业管理者在胜任特征上也存在一定的差异，外资企业和国有企业的管理人员在管理胜任能力上高于民营企业管理人员；在国有企业于外资企业的管理人员之间，得分接近，差异不显著。

管理胜任特征对工作绩效的预测效应在不同的情景下表现不同。本研究检验了个体背景特征和职位特征对管理胜任特征效应的缓冲作用，结果表明管理人员的性别、职位层次、工作类型和所有制性质对情景判断测验所测量的三维胜任特征的预测效应有着缓冲作用。总体而言，对于男性管理人员而言，问题解决特征对工作绩效有显著的预测效应；而对于女性管理人员而言，对工作绩效有预测作用的主要是人际胜任特征。

对中高层管理人员而言，人际胜任是预测工作绩效的主要因素；但对于一般管理人员而言，则更多的是问题解决特征影响着工作绩效。问题解决特征对行政管理类管理人员有着重要的预测效应；而人际胜任特征对市场业务类和生产技术类管理人员有着重要的预测效应。对于国有企业和外资企业而言，人际胜任特征是预测管理人员工作绩效的重要因素；但对于民营企业而言，对工作绩效最有预测力的是问题解决特征。

此外，研究结果表明情景判断测验对工作绩效的预测效应模式随工作经验增长呈倒 U 型曲线。从总体上看，情景判断测验对中高工作经验的管理人员更具有预测力。

通过情景判断测验所测量的管理胜任特征对各绩效维度的回归分析，本研究发现管理胜任特征对工作绩效的各个维度有不同的影响。从管理胜任特征与工作绩效各维度间的关系来看：问题解决特征能够较好的预测管理者的任务绩效和人际促进维度；诚信责任特征对工作奉献维度着较好的预测力；而人际胜任特征则对人际促进、工作奉献和适应性绩效有显著的预测效应。

上述研究结果表明了胜任特征识别及职务分析对于提高测验效度的重要性，这与 McDaniel，et al（2001）的元分析研究结果相一致，认为基于职务分析的情景判断测验效度上要高于非基于职务分析的测验。此外，研究结果对于人力资源实践具有一定的指导意义，通过对不同条件下管理胜任特征要求的识别，能更好的保证情景评价测验效度，从而提高人事选拔与评价的质量。

11.1.3　情景判断测验效度影响因素及交叉效度检验

情景判断测验的效标关联效度对测验在人事选拔与评价中的应用具有重要意义。本研究开发的情景判断测验具有较好的效标关联效度，其效度水平略高于国外研究报告的总体效度水平。根据 Anastasi，Urbina，et al（1997）指出的测验交叉效度检验重要性，本研究通过三个样本的比较，对情景判断测验的交叉效度进行了估计，在相似样本和异质样本的交叉效度检验中，效度存在一定程度的缩水，但是，情景判断测验表现出了较好的交叉效度。从总体上看：情景判断测验在测验开发样本中具有很好的效标关联效度，其效度系数均值为 0.43；在交叉效度检验研究中，情景判断测验在相似检验样本的交叉效度均值为0.30；在异质检验样本中也显示了0.18的效度水平。

以往很少有研究对不同的测验开发模式进行实证比较，虽然关于测验的实证开发模式及同质量表模式已经存在很多的探讨（Ghiselli，Campbell，Zedeck，1981；Mumford，Costanza，Connelly，Johnson，1996），但是，在情景判断测验领域还很少有实证的数据支持。本研究通过比较发现：基于实证开发模式的情景判断测验在交叉效度检验中效标关联效度的缩水要远大于基于同质量表模式的情景判断测验。从交叉效度检验的总体结果看：基于同质量表模式的情景判断测验具有较好的效标关联效度及效度稳定性。

尽管情景判断测验与传记经历数据（Biodata）等测验在形式上存在一定差异，但是，从测验开发模式比较看，基于理论导向的同质量表模式在指导情景判断测验开发上具有一定的优势。在以往研究中虽然有研究者提到，实证开发思路能够较好的捕捉一些预测指标与效标间的微妙关系（Mumford，Owens，1987），但是，在实践中，往往由于过度数据驱动，带来两个方面的问题：一是会使得测验的效度特定于测验开发样本，从而缺乏外推性；二是实证开发模式往往会高估测验在开发样本中的效度，这样获得的效度数据在效度检验中缺乏稳定性。

本研究结果较好的支持了理论假设，根据实证测验开发模式和同质量表测验开发模式的比较，支持了情景判断测验开发过程中理论构思支持的重要性，对情景判断测验的开发和研究具有重要的理论意义。通过对情景判断测验效标关联效度及其交叉效度检验，为情景判断测验在我国人事选拔与评价方面以及其他人力资源实践中的应用提供了很好的实证支持，同时，对增进情景评价测验开发模式以及效度影响因素的了解也具有重要意义。

11.1.4 管理者情景评价测验问题解决策略研究

管理者情景评价测验问题解决策略研究主要以Newell，Simon，et al（1972）人类问题解决研究思路为指导，考察管理者在情景式判断测验和行为式判断测验这两种情景评价中的问题解决策略。运用问题解决理论对管理者情景评价测验过程进行研究，把握住了研究趋势，是对以往研究的深入。它有利于增进人们对情景评价测验过程的理解，有利于改进情景评价测验的未来设计和理论解释。此外，在该研究思路指导下，也可以对管理者在面临现实工作问题时的解决过程进行理论探讨，对现实管理中的问题解决过程进行剖析。

首先，在问题解决理论和个案访谈总结基础上，本研究提出了情景评价测验中主要采用的三种问题解决策略：启发式搜索策略、行为激活策略和假设检验策略。启发式搜索策略主要根据搜索以往工作中遇到类似情景时的处理方式作为解决问题的依据；行为激活策略主要以自己以往工作中一贯的行为表现和类似反应为依据；而假设检验策略主要是先根据情景提出各种可能假设，再找出符合假设的行为选项。其次，对管理者在情景评价测验中的知觉和判断依据进行了初步探讨，结果发现管理者的工作经验和管理知识依据与测验得分及绩效表现间的关系比较紧密，而个性价值取向依据则相对较弱；此外，管理者对情景评价测验的效度知觉与测验得分和绩效表现间存在正相关。

在此基础上，研究比较了管理者在情景式判断测验与行为式判断测验这两种情景评价中的问题解决策略。比较结果支持了研究假设，在情景式判断测验中，更多的管理者采用启发式搜索策略；而在行为式判断测验中，近一半的管理者使用了行为激活策略。这可能与情景式判断测验与行为式判断测验任务特征不同所致。Newell，Simon 等指出问题的任务结构决定了问题空间大小，从而影响着可能会采取的问题解决方法和策略。情景式判断测验中，由于管理者面临的任务更具有情景性，更多的管理者通过搜索以往工作经历中遇到类似情景时的处理方式，作为问题解决的主要依据；行为式判断测验的行为性更强，也比较直接明了，更多的管理者依据试题提供的行为特征，根据工作中的一贯行为表现和反应倾向作为判断的依据。不管是在情景式判断测验中，还是在行为式判断测验中，采取假设检验策略的管理者人数最少，说明管理者主要以启发式搜索和行为激活策略作为问题解决的主导策略。

为了了解问题解决策略对情景评价测验得分及工作绩效的影响，研究通过独立样本 T 检验方法，对采取不同问题解决策略管理者的测验得分及绩效表现进行了比较。研究结果部分支持了在情景式判断测验中，启发式搜索策略对测验得分有积极影响的理论假设。但是，独立样本 T

检验结果没有能够支持行为激活策略对行为式判断测验得分有积极影响的理论假设。由于样本所限，本研究并没有对问题解决策略与情景评价测验得分以及工作绩效间的关系模型进行检验，问题解决策略与测验得分及工作绩效间的关系模型构建还有待未来进一步的研究支持。

本研究通过运用人类问题解决思路，对情景评价测验过程进行了初步的探讨，虽然研究还比较初步，也发现了一些对情景评价测验具有理论意义的结果，同时，提出了一些值得进一步研究的问题。

11.1.5 情景评价测验效标关联效度来源及其机制

情景评价测验效标关联效度来源及其机制问题，是多年来研究者非常关注，但一直都没有得到很好解决的问题。本研究通过对情景式判断测验和行为式判断测验这两种情景评价的比较，并结合两种类型测验对管理胜任特征的测量、管理胜任特征与工作绩效关系等方面，对这一问题进行了讨论，研究的结果对于理解情景评价的效度来源以及效度机制具有重要的理论意义。

从研究结果看：情景式判断测验与行为式判断测验都具有较好的效标关联效度，情景式判断测验的效标关联效度为0.29，行为式判断测验的效标关联效度为0.34，行为式判断测验的效标关联效度略高于情景式判断测验。

通过情景判断测验与工作绩效各维度间的回归分析，本研究发现：情景式判断测验对工作奉献、人际促进和适应性绩效维度有较好的预测力；而行为式判断测验对任务绩效、适应性绩效和工作奉献维度更有预测力。结合研究的总体构思框架，本研究提出了情景式判断测验和行为式判断测验这两种情景评价的问题解决策略及效度机制，如图11-1所示。

从图11-1可以看出：情景式判断测验与行为式判断测验在效标关联效度来源上存在较大差异，情景式判断测验的效标关联效度更多的来自于对管理者工作奉献和人际促进等周边绩效的预测力；而行为式判断测验的效标关联效度则更多的来自于对管理者任务绩效和适应性绩效的预测力。

情景式判断测验与行为式判断测验与工作绩效维度间的关系差异，

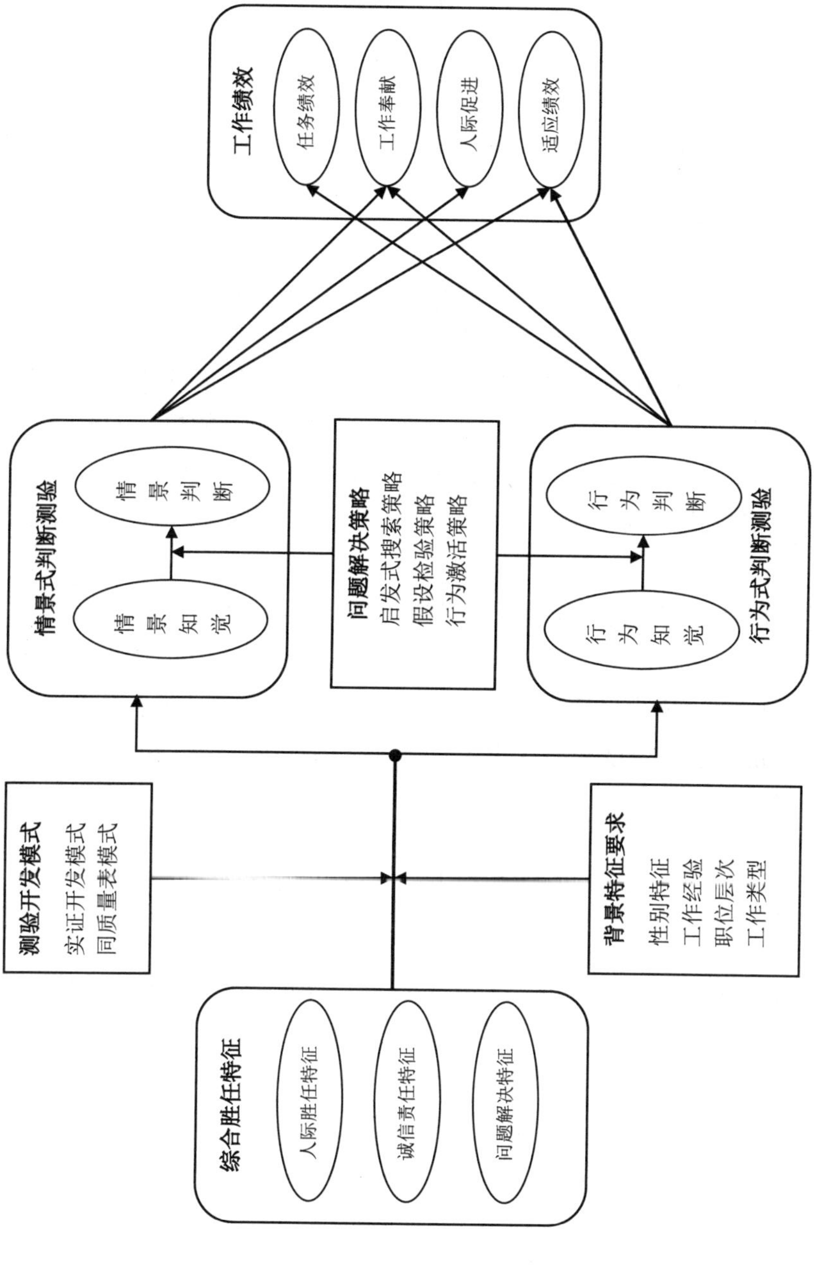

图 11-1　情景评价问题解决策略及效度机制

反映了两种类型情景判断测验的效标关联效度来源。此外，根据情景式判断测验与行为式判断测验在胜任特征维度分数与测验总分间的相关模式，我们认为，相比较而言，情景式判断测验能较好的评价管理者的诚信责任和关系胜任特征，而对问题解决特征的评价相对弱些；行为式判断测验相对能够较好的评价管理者的诚信责任和问题解决特征，而对关系胜任特征的评价相对弱些。结合研究第五部分发现的管理胜任特征与工作绩效维度关系模型，也即：管理者问题解决特征最能预测任务绩效、其次能预测人际促进，人际胜任特征能够较好的预测管理者周边绩效和适应性绩效，而诚信责任特征则能较好预测管理者的工作奉献。本研究认为，从更深层次而言，情景判断测验的效度主要来自于对管理胜任特征的测量。情景式判断测验和行为式判断测验都能较好的测量管理者的诚信责任特征，此外，相比较而言，情景式判断测验能更好的测量管理者人际胜任特征，而行为式判断测验能更好的测量管理者问题解决特征，这影响了情景式判断测验与行为式判断测验在效标关联效度来源上的差异。

通过情景式判断测验和行为式判断测验这两种人力资源情景评价方法效度机制的探讨，对于理解情景评价测验的测量特征和属性有着重要的意义，同时，也为以后进一步探讨公文筐测验、无领导小组讨论等其他情景评价方法的效度来源提供了方法论上的支持。

11.2 研究的理论与现实意义

本研究在人力资源管理中的人事选拔与评价方面具有一定的理论和实践意义。通过管理胜任特征的情景评价及效度检验研究，本研究在理论上主要存在三个方面的贡献。

第一，以人力资源管理中的管理胜任特征研究思路和构思导向情景评价开发思路为指导，通过对情景判断测验单维构思模型与多维层次模型的比较检验，论证了情景判断测验测量了多维构思假设。以往研究对情景判断测验到底测量了单一构思还是测量了多维构思一直存在争论，虽然很多的研究者认为情景判断测验应该测量多维构思，认为情景判断测验的研究应该关注测量构思，但是，对于情景判断测验多维构思的检验一直是薄弱的环节。在探索性因素分析基础上，本研究采用了验证型因素分析方法对情景判断测验的多维构思进行了检验，检验结果论证了情景判断测验测量了管理者人际胜任、诚信责任和问题解决三维胜任特征的假设，同时，以胜任能力自评量表为旁证工具，通过多方法多特征设计，对情景判断测验的聚合效度进行了检验。情景判断测验测量多维构思的观点，对于情景判断测验未来研究以及理解情景判断测验效度来源具有重要的理论意义。

此外，通过情景判断测验多维构思检验，支持了构思导向的情景评价开发思路，也为人力资源实践中管理胜任特征的情景评价提供了实证支持。

第二，运用 Newell，Simon，et al（1972）的问题解决研究思路，对情景式判断测验和行为式判断测验这两种情景评价过程进行了探讨，提出了情景评价测验中主要的三种问题解决策略，并对不同问题解决策略下情景评价测验得分进行了比较。在以往研究中，还没有研究对情景判断测验的过程进行讨论，本研究在这一方面进行了初步的探索。研究结果发现：情景式判断测验和行为式判断测验由于任务特征的不同，管理者在测验中所运用的问题解决策略也存在差异，在情景式判断测验中，更多的管理者采用启发式搜索策略，而在行为式判断测验中，更多的管理者采用行为激活策略，管理者所采用的问题解决策略对情景评价测验得分存在一定的影响。不同问题解决策略组管理者的情景评价测验差异比较结果显示：采用启发式搜索策略的管理者在情景式判断测验得分上要高于采取行为激活策略和假设检验策略的管理者；但是，采取不同问题解决策略的管理者在行为式判断测验得分上并不存在显著差异。关于管理者问题解决策略与测验得分及工作绩效间的关系模型构建还有待未来进一步的研究。

运用问题解决策略研究思路对情景评价过程进行研究，为人事选拔与评价提供了一种很好的思路，对于以后更好的研究和探索各种情景评价方法的特征及内部过程具有启示意义。

第三，在情景判断测验效标关联效度和交叉效度检验基础上，提出了情景式判断测验和行为式判断测验这两种情景评价的效度机制。以往研究积累了很多关于情景评价效标关联效度的证据，作为重要的人事选拔与评价工具，其效度机制是一个非常值得研究的问题。本研究在整合了测验构思效度和效标关联效度的基础上，提出了情景式判断测验和行为式判断测验这两种情景评价的效度机制。本研究认为情景判断测验的效度主要来自于对管理胜任特征的测量。情景式判断测验和行为式判断测验都能较好的测量管理者的诚信责任特征，此外，相比较而言，情景式判断测验能更好的测量管理者人际胜任特征，行为式判断测验能较好的测量管理者问题解决特征。因此，反映在与工作绩效指标间的关系上，情景式判断测验对工作奉献和人际促进等周边绩效维度更有预测力；而行为式判断测验则对任务绩效和适应性绩效等维度更有预测力。从两种类型的情景判断测验与工作绩效维度间关系来看，情景式判断测验的效标关联效度主要来自于对周边绩效的预测力，而行为式判断测验的效标关联效度主要来自于对任务绩效和适应性绩效的预测力。情景评价效度机制的提出，使我们能更好的理解情景评价效度来源。

从实践意义来看：本研究是在我国人事选拔与评价为测评理论和方法提出了迫切需求的情况下进行的，研究结果对人力资源开发和建设，特别是对人事选拔与评价实践具有一定的指导意义。

在前面已经提到，虽然人们已经逐渐认识到了人力资源管理的重要性，但是，对于人力资源测评方法，特别是情景判断测验这样的情景评价方法的研究还相对比较缺乏，无法满足实践提出的需求。本研究通过对人力资源管理中胜任特征的情景评价研究，为情景评价测验在人力资源管理实践中的应用提供了实证支持。首先，管理胜任特征的情景评价有效测量可以保证测验在人事选拔与评价应用中的效能，通过情景评价测验的运用，可以提高领导干部选拔及企事业单位人员招聘录用的公平性、科学性、准确性，提高招聘选拔的成功率。情景评价方法的工作关联性能够增强管理者参与测验的动机以及提高参与者对测验公平性的知觉；情景评价方法的高效标关联效度可以保证人员选拔与评价的准确性，使组织能够识别和选拔优秀人才，从而降低员工工作适应、入职培训等方面的人力资源成本。其次，人事选拔与评价是人力资源管理实践的起始环节之一，它与员工培训与发展、团队建设、考核评估等其他人力资源实践有着紧密的联系。通过有效的运用情景评价方法，可以帮助企业识别员工潜能，提供有针对性的职业生涯发展规划及培训发展计划等等。

此外，在管理胜任能力评价中有效的运用情景评价测验，有利于提升企业人力资源整体素质，通过人职组织匹配，实现人力资源的合理配置，最大程度的发挥人力资源的作用，从而为企业获取持续竞争优势打下良好的基础。总体而言，研究结果对于指导未来情景评价测验开发，提高管理胜任能力评价的科学公平性，以及推动我国的人事选拔与评价事业发展都具有重要意义。

11.3 未来研究方向

情景评价测验作为一种非常具有实践前景和研究意义的管理胜任能力评价工具，本研究对管理胜任能力情景评价测验的效度来源和影响因素进行了初步的探索，还有很多问题值得进一步研究和检验。

第一，从人事选拔与评价方法研究趋势来看，开始从情景评价方法研究向更多关注测量构思倾斜。在这种思路指导下，有很多研究者认为情景判断测验与结构化面试等测验形式一样，反映了一种测评方法，它可以用于评价各种不同的构思（McDaniel，Morgeson，Finnegan，Campion，Braverman，2001）。本研究探讨了情景判断测验对管理胜任能力评价的有效性，但对情景判断测验在测评其他构思时的有效性并没有进行比较研究，未来研究可以对构思导向情景判断测验进行更多的研究，如情景判断测验对评价个性特征和成就动机等构思的有效性和相应的测验开发模式研究，从而更系统的了解情景判断测验对评价哪些构思更加有效。

第二，本研究运用了人类问题解决理论作为情景评价测验过程研究的基础（Newell，Simon，1972），对管理者在情景式判断测验和行为式判断测验这两类情景评价中的问题解决策略进行了初步的探讨和分析，但是，研究中只运用了个案访谈和自我报告方法，并没有对问题解决中的信息加工过程进行系统深入的研究。未来的研究中可以关注情景评价测验中任务结构是如何影响问题空间，进而影响管理者问题解决方法与策略运用，同时，如果能够运用过程追踪和知识诱发技术，对情景评价测验中问题解决过程进行深入探讨（王重鸣，1991；Harte，Koele，2001），能够更好的把握管理者在情景评价测验问题解决中的动态特征，有利于增进我们对情景评价测验和个体解决实际管理问题过程的理解。

第三，当前研究主要探讨了人事评价实践中的情景判断测验，虽然也对党政领导干部公开选拔及企业管理者的选拔进行了一些面上调查和实际选拔应用，但是，在本研究中并没有对情景判断测验在选拔实践中的应用进行实证的探讨。同时，对于情景判断测验与其他人事选拔与评价方法的组合效应以及增量效度，也是未来值得进一步研究的问题。

第四，互联网技术和多媒体评价技术的发展，为情景判断测验评价方法带来了一些新的研究课题。基于互联网（Web-Based）和基于视频的（Vedio-Based）新型情景判断测验研究对于推动情景判断测验在人力资源实践中的应用会有极大的促进作用（Weekly，Jones，1997；McDaniel，Nguyen，2001）。此外，未来研究中，对情景判断测验以及公文筐测验、情景面试等情景测验方法平行测验开发策略的实证比较研究，对于理论和实践具有重要意义。

参考文献

［1］（美）安妮·安娜斯塔西，苏珊娜·厄比纳 著，缪小春，竺培粱译，2001. 心理测验 [M]. 浙江：浙江教育出版社 .

［2］（美）赫伯特·西蒙著，杨砾，韩春立，徐立译，1991. 管理行为 [M]. 北京：北京经济学院出版社 .

［3］金杨华，王重鸣 . 2001. 人与组织匹配研究进展及其意义 [J]. 人类工效学，（2）：36–39.

［4］金杨华，王重鸣，陈卫旗 . 2004. 管理胜任特征与工作绩效关系研究 [J]. 心理科学，（6）：1349–1351.

［5］乜标，金杨华 . 2009. 管理胜任特征评价方法及聚合效度研究 [J]. 管理世界，（2）：176–177.

［6］王继承 . 2001. 人事测评技术：建立人力资产采购的质检体系 [M]. 广东：广东经济出版社 .

［7］王垒 . 1999. 实用人事测量 [M]. 北京：经济科学出版社 .

［8］王重鸣 . 2002. 心理学研究方法 [M]. 北京：人民教育出版社 .

［9］王重鸣 . 2000. 管理心理学 [M]. 北京：人民教育出版社 .

［10］吴瀚飞 . 2002. 中国公开选拔领导干部制度研究 [M]. 北京：中国社会科学出版社 .

［11］吴谅谅，谷健之 . 1989. 人员素质测评 [M]. 浙江：浙江人民出版社 .

［12］吴志明，张厚粲 . 2001. 评价中心的构想效度和结构模型 [J]. 心理学报，（4）：372–378.

［13］徐联仓，陈龙，王登 ,et al. 1985. 心理学为提高企业素质服务 [J]. 心理学报，（4）：339–345.

［14］杨正宇，金杨华 . 2002. 工作经验的整合概念及其研究进展 [J]. 人

类工效学，（4）：32-35.

[15] 朱新明，李亦菲 . 2000. 架设人与计算机的桥梁——西蒙的认知和管理心理学 [M]. 湖北：湖北教育出版社 .

[16] ANASTASI A. 1986. Evolving concepts of test validation[J]. Annual Review of Psychology, 37: 1–15.

[17] ANDERSON J C, GERBING D W. 1988. Structural Equation Modeling in Practice: A review and recommended two-step approach[J]. Psychological Bulletin, 103（3）: 411–423.

[18] ANTONCIC C B, HISRICH R D. 2001. Intrapreneurship: Construct refinement and cross-cultural validation[J]. Journal of Business Venturing, 16（5）: 495–527.

[19] ARMSTRONG R D, JONES D. H, WANG Z. 1994. Automated parallel test construction using classic test theory[J]. Journal of Educational Statistics, 19（1）: 73–90.

[20] ARTHUR JR W, WOEHR D J, MALDEGEN R. 2000. Convergent and discriminant validity of assessment center dimensions: a conceptual and empirical reexamination of the assessment center construct-related validity paradox[J]. Journal of management, 26(4): 813–835.

[21] ARTHUR JR W, DAY E A, MCNELLY T L. 2003. A meta-analysis of the criteria-related validity of assessment center dimensions[J]. Personnel Psychology, 56（1）: 125–154.

[22] ARTHUR W, GLAZE R M, JARRETT S M, et al. 2014. Comparative evaluation of three situational judgment test response formats in terms of construct-related validity, subgroup differences, and susceptibility to response distortion.[J]. Journal of Applied Psychology, 99（3）: 535–545.

[23] BARRETT G V, DEPINET R L. 1989. A reconsideration for testing for competence rather than for intelligence[J]. American Psychologist, 46（10）: 1012–1024.

[24] BARRETT G V, PHILLIPS J S, ALEXANDER R A. 1981. Concurrent

and predictive validity design: a critical reanalysis[J]. Journal of Applied Psychology, 66（1）: 1–6.

[25] BESS T L. 2001. Exploring the dimensionality of situational judgment: task and contextual knowledge[D]. M.S. dissertation of Virginia Polytechnic Institute and State University, Blacksburg, Virginia.

[26] BOLLEN K, LENNOX R. 1991. Conventional wisdom on measurement: a structural equation perspective[J]. Psychological Bulletin, 110（2）: 305–314.

[27] BORMAN W C, HANSON M A, OPPLER S H, et al. 1993. Role of early supervisory experience in supervisor performance[J]. Journal of Applied Psychology, 78（3）: 443–449.

[28] BORMAN W C, HANSON M A, HEDGE J W. 1997. Personnel selection[J]. Annual Review of Psychology, 48（48）: 299–337.

[29] BORMAN W C, WHITE L A, PULAKOS E D, et al. 1991. Models of supervisory job performance ratings[J]. Journal of Applied Psychology, 76（6）: 863–872.

[30] BRANNICK M. T, MICHAELS C E, BAKER D P. 1989. Construct validity of in-basket scores[J]. Journal of Applied Psychology, 74（6）: 957–963.

[31] CAMPBELL J P. 1990. Modeling the performance prediction problem in industrial and organizational psychology[C]. In Handbook of Industrial and Organizational Psychology, M. D. Dunnette & L. M. Hough, 1（2）: 687–732.

[32] CAMPBELL J P. 1990. An overview of the army selection and classification project (Project A) [J]. Personnel Psychology, 43（2）: 231–239.

[33] CAMPBELL J P, MCHENRY J J, WISE L L. 1990. Modeling job performance in a population of jobs[J]. Personnel Psychology, 43(2): 313–333.

[34] CAMPION M A, CAMPION J E, HUDSON JR P. 1994. Structured

interviewing: A note on incremental validity and alternative question types[J]. Journal of Applied Psychology, 79（6）: 998–1002.

[35] CARLSON K D, SCULLEN S E, SCHMIDT F L, et al. 2001. Generalizable biographical data validity can be achieved without multi–organizational development and keying[J]. Personnel Psychology, 52（3）: 731–755.

[36] CHAN D, SCHMITT N. 1997. Video–based versus paper–and–pencil method of assessment in situational judgment tests: subgroup differences in test performance and face validity perception[J]. Journal of Applied Psychology, 82: 143–159.

[37] CHAN D, SCHMITT N, SACCO J M, et al. 1998. Understanding pretest and posttest reactions to cognitive ability and personality tests[J]. Journal of Applied Psychology, 83（3）: 471–485.

[38] CLEVENGER J, PEREIRA G M, WIECHMANN D, et al. 2001. Incremental validity of situational judgment tests[J]. Journal of Applied Psychology, 86（3）: 410–417.

[39] CORTINA J M, GOLDSTEIN N B, PAYNE S C, et al. 2000. The incremental validity of interview scores over and above cognitive ability and conscientiousness scores[J]. Personnel Psychology, 53（2）: 325–351.

[40] DAY D V, SLIVERMAN S B. 1989. Personality and job performance: evidence of incremental validity[J]. Personnel Psychology, 42（1）: 25–36.

[41] FARRELL J N, MCDANIEL M A. 2001. The stability of validity coefficients over time: Ackerman's (1998) model and the general aptitude test battery[J]. Journal of Applied Psychology, 86（1）: 60–79.

[42] FLANAGAN J C. 1954. The critical incident technique[J]. Psychological Bulletin, 51（4）: 327–358.

[43] HARTE J M, KOELE P. 2001. Modeling and describing human judgement processes: The multiattribute evaluation case[J]. Thinking

and Reasonnig, 7（1）: 29–49.

[44] HOEFT S, SCHULER H. 2001. The conceptual basis of assessment centre ratings[J]. International Journal of Selection and Assessment, 9（1&2）: 114–123.

[45] HORSWILL M S, MCKENNA F P. 1999. The development, validation, and application of a video-based technique for measuring an everyday risk-taking behavior: drivers' speed choice[J]. Journal of Applied Psychology, 84（6）: 977–985.

[46] HOUGH L M, OSWALD F L. 2000. Personnel selection: looking toward the future—remembering the past[J]. Annual Review of Psychology, 51（1）: 631–664.

[47] HOWARD A, CHOI M. 2000. How do you assess a manager's decision-making abilities? The use of situational inventories[J]. International Journal of Selection and Assessment, 8（2）: 85–88.

[48] HUFFCUTT A I, WEEKLEY, WIESNER W H, et al. 2001. Comparison of situational and behavior description interview questions for higher-level positions[J]. Personnel Psychology, 54(3): 619–644.

[49] HUNG D W L, DER-THANQ C. 2001. Situated cognition, vygotskian thought and learning from the communities of practice perspective: implications for the design of Web-based E-learning[J]. Educational Media International, 25（1）: 3–12.

[50] JOINER D A. 2002. Assessment Centers: What's new?[J]. Public Personnel Management, 31（4）: 178–186.

[51] KAHNEMAN D, TVERSKY A. 1984. Choices, values, and frames[J]. American Psychologist, 9（4）: 341–350.

[52] KLINE T J B, SULSKY L M, REVER-MORIYAMA S D. 2000. Common method variances and specification errors: a practical approach to detection[J]. The Journal of psychology, 134（4）: 401–421.

[53] KOLZ A R, MCFARLAND L A, SILVERMAN S B. 1998. Cognitive

ability and job experience as predictors of work performance[J]. The Journal of Psychology, 132（5）: 539–548.

[54] KRISTOF A L. 1996. Person–organization fit: an integrative review of its conceptualizations, measurement, and implications[J]. Personnel Psychology, 49（1）: 1–49.

[55] KRUMM S, LIEVENS F, HÜFFMEIER, et al. 2015. How "situational" is judgment in situational judgment tests?[J]. Journal of Applied Psychology, 100（2）: 399–416.

[56] LE PINE J A, COLQUITT J A, EREZ A. 2000. Adaptability to changing task context: effects of general cognitive ability, conscientiousness, and openness to experience[J]. Personnel Psychology, 53（3）: 563–593.

[57] LIEVENS F, COETSIER P. 2002. Situational tests in student selection: an examination of predictive validity, adverse impact, and construct validity[J]. International Journal of Selection and Assessment, 10（4）: 245–257.

[58] MACCALLUM R C. 1986. Specification searches in covariance structure modeling[J]. Psychological Bulletin, 100（1）:107–120.

[59] MCCLELLAND D C. 1973. Testing for competence rather than for "intelligence." [J]. American Psychologist, 28（1）: 1–14.

[60] MCDANIEL M A, MORGESON F P, FINNEGAN E B, et al. 2001. Use of situational judgment tests to predict job performance: a clarification of the literature[J]. Journal of Applied Psychology, 86（4）: 730–740.

[61] MCDANIEL M A, NGUYEN N T. 2001. Situational judgment tests: a review of practical and constructs assessed[J]. International Journal of Selection and Assessment, 9（1&2）: 103–113.

[62] MCDANIEL M A, WHETZEL D L, SCHMIDT F L, et al. 1994. The validity of employment interviews: a comprehensive review and meta–analysis[J]. Journal of Applied Psychology, 79（4）: 599–616.

[63] MORGESON F P, CAMPION M A. 1997. Social and cognitive

sources of potential inaccuracy in job analysis[J]. Journal of Applied Psychology, 82 (5) : 627–655.

[64] MOTOWIDLO S J, DUNNETTE M D, CARTER G W. 1990. An alternative selection procedure: the low–fidelity simulation[J]. Journal of Applied Psychology, 75 (6) : 640–647.

[65] MOTOWIDLO S J, VAN SCOTTER J R. 1994. Evidence that task performance should be distinguished from contextual performance[J]. Journal of Applied Psychology, 79 (4) : 475–780.

[66] MUCHINSKY P M. 1997. Psychology applied to work: an Introduction to Industrial and Organizational Psychology[J]. Psyccritiques, 40 (2) :374–396.

[67] MUMFORD M D, COSTANZA D P, CONNELLY M S, et al. 1996. Item generation procedures and background data scales: Implications for construct and criterion–related validity[J]. Personnel Psychology, 49 (2) : 361–398.

[68] NATHAN B R, ALEXANDER R A. 1988. A comparison of criteria for test validation: A mete–analytic investigation[J]. Personnel Psychology, 41 (1) : 517–535.

[69] NEWELL A, SHAW J C, SIMON H A. 1958. Elements of a theory on human problem solving[J]. Psychological Review, 65 (3) : 151–166.

[70] NEWELL A, SIMON H A. 1972. Human problem solving[M]. Englewood Cliffs, NJ: Prentice–Hall.

[71] O'CONNELL M S, DOVERSPIKE D, NORRIS–WATTS C, et al. 2001. Predictors of organizational citizenship behavior among Mexican retail salespeople[J]. The International Journal of Organizational Analysis, 9 (3) : 272–280.

[72] PLOYHART R E, RYAN A M. 2000. A construct–oriented appoarch for developing situational judgment tests in a service context[D]. Unpublished manuscript based on the Doctorial dissertation of George Mason University.

[73] PULAKOS E D, ARAD S, DONOVAN M A, et al. 2000. Adaptability in the workplace: development of a taxonomy of adaptive performance[J]. Journal of Applied Psychology, 85 (4) : 612–624.

[74] REITER–PALMON R, CONNELLY M S. 2000. Item selection counts: A comparison of empirical key and rational scale validities in theory–based and non–theory–based item pools[J]. Journal of Applied Psychology, 85 (1) : 143–151.

[75] ROBERTSON I T, SMITH M. 2001. Personnel selection[J]. Journal of Occupational and Organizational Psychology, 74 (1) : 441–472.

[76] ROCKSTUHL T, ANG S, NG K Y, et al. 2014 .Putting judging situations into situational judgment tests: evidence from intercultural multimedia SJTs[J]. Journal of Applied Psychology, 100 (2) : 464 - 480.

[77] RUSSELL C J. 2001. A longitudinal study of top–level executive performance[J]. Journal of Applied Psychology, 86 (4) : 560–573.

[78] SANCHEZ J I, LEVINE E L. 2000. Accuracy or consequential validity: which is the better standard for job analysis data?[J] Journal of Organizational Behavior, 21 (7) : 809–818.

[79] SCHMIDT F L, HUNTER J E. 1996. Measurement error in psychological research: lessons from 26 research scenarios[J]. Psychological Methods, 1 (2) : 199–233.

[80] SCHMIDT F L, HUNTER J E. 1998. The validity and utility of selection methods in personnel psychology: practical and theoretical implications of 85 years of research findings[J]. Psychological Bulletin, 124: 262–274.

[81] SCHMITT N, CHAN D. 1998. Personnel selection: A theoretical approach[M]. California: SAGE Publications.

[82] SCHMITT N, GILLILAND S W, LANDIS R S, et al. 1993. Computer–based testing applied to selection of secretarial applicants[J]. Personnel Psychology, 46 (1) : 149–165.

[83] SCHMITT N, MILLS A E. 2001. Traditional tests and job

simulations: minority and majority performance and test validity[J]. Journal of Applied Psychology, 86（3）: 451–458.
[84] SCHMITT N, ROGERS W, CHAN D, et al. 1997. Adverse impact and predictive efficiency using various predictor combinations[J]. Journal of Applied Psychology, 82（5）: 719–730.
[85] SCHNEIDER W, SHIFFRIN R M. 1977. Controlled and automatic human information processing: detection, search and attention[J]. Psychological Review, 84（2）: 1–66.
[86] SCHUNN C D, REDER L. M. 2001. Another source of individual differences: strategy adaptivity to changing rates of success[J]. Journal of Experimental Psychology General, 130（1）: 59–76.
[87] SHANTEAU J. 1992. Competence in experts: the role of task characteristics[J]. Organizational Behavior and Human Decision Processes, 53（2）: 252–266.
[88] SHIPPMANN J S, ASH R A, BATTISTA M, et al. 2000. The practice of competency modeling[J]. Personnel Psychology, 53（3）: 703–740.
[89] SIDICK J T, BARRETT G V, DOVERSPIKE D. 1994. Three-alternative multiple choices tests: An attractive option[J]. Personnel Psychology, 47（4）: 829–835.
[90] SIMON H A. 1979. Information processing models of cognition[J]. Annual Review of Psychology, 30（5）: 363–396.
[91] SIMON H A. 1990. Invariants of human behavior[J]. Annual Review of Psychology, 41: 1–19.
[92] SILVERTHORNE C, WANG T H. 2001. Situational leadership style as a predictor of success and productivity among Taiwanese business organizations[J]. The Journal of Psychology, 135（4）: 399–412.
[93] SPYCHALSKI A C, QUINONES M A, GAUGLER B B, et al. (1997). A survey of assessment center practices in organizations in the United States[J]. Personnel Psychology, 50（1）: 71–90.
[94] STERNBERG R J. 1985. Beyond IQ: A triarchic theory of human

intelligence[C]. New York: Cambridge University Press, Cambridge.

[95] STERNBERG R J, WAGNER R K, WILLIAMS W M, et al. 1995. Testing common sense[J]. American Psychologist, 50 (11) : 912-926.

[96] VAN SCOTTER R R, MOTOWIDLO S J. 1996. Interpersonal facilitation and job dedication as separate facets of contextual performance[J]. Journal of Applied Psychology, 81 (5) : 525-531.

[97] VISWESVARAN C, ONES D S, SCHMIDT F L. 1996. Comparative analysis of the reliability of job performance ratings[J]. Journal of Applied Psychology, 81 (5) : 557-574.

[98] WAGNER R K, STERNBERG R J. 1985. Practical intelligence in real-world pursuits: The role of tacit knowledge[J]. Journal of Personality and Social Psychology, 49 (2) : 436-458.

[99] WAGNER R K. 1987. Tacit knowledge in everyday intelligent behavior[J]. Journal of Personality and Social Psychology, 52 (6) : 1236-1247.

[100] WAGNER R K. 1997. Intelligence, training and employment[J]. American Psychologist, 52 (52) : 1059-1069.

[101] WANG Z M. 2002. New research perspectives and implicit managerial competency modeling in China[J]. International Review of Industrial and Organizational Psychology, 17: 265-282.

[102] WEEKLEY J A, JONES C. 1997. Video-based situational testing[J]. Personnel Psychology, 50 (1) : 25-49.

[103] WEEKLEY J A, JONES C. 1999. Further studies of situational tests[J]. Personnel Psychology, 52 (3) : 679-700.

[104] WEEKLEY J A, PLOYHART R E. 2001. Situational judgment: Antecedents and relationships with performance. Human Performance, 18 (1) : 81-104.

[105] WINFRED A JR, WOEHR D J, MALDEGEN R. 2000. Convergent and discriminant validity of assessment center dimensions: a conceptual and empirical re-examination of assessment center

construct-relater validity paradox[J]. Journal of Management, 26 (4) : 813-835.

[106] WERBUNG P R. 2001. The development, psychometric evaluation, and validation of a situational judgment inventory for security officers[D]. Doctorial dissertation of The University of Texas at Arlington.

附　录

附录一：管理者关键事件调查问卷

本部分测验希望能够了解您在以往实际工作中做过的一些典型事例。请您结合自己以往工作情况作答，在答题过程中，请列举以往工作中的事例，对事例发生的背景、遇到的困难、当时您采取的行动进行尽量详细的描述。

1. 人际关系能力主要是指与同事、上级、客户及其他各类型人员能进行密切沟通与合作，有效的解决人际冲突，在工作中树立威信，构建良好工作关系网络的能力。请您回想一下在最近的一段工作时间内，最能够体现您人际关系能力的一个事例。

- 这件事例的发生背景是什么？
- 当时遇到的最大困难是什么，整件事情的过程怎么样？
- 最后您采取了哪些有效行动？事件最后的结果如何？

2. 客户服务工作对于业务的开展有着重要的影响，请您回想一下在最近的一段工作时间内，最能够体现您的客户意识或是您在客户服务方面做得特别成功的一个事例。

- 这件事例的发生背景是什么？
- 当时遇到的最大困难是什么，整件事情的过程怎么样？
- 最后您采取了哪些有效行动？事件最后的结果如何？

3. 工作责任心是指一个人在负责、可靠、忠诚以及组织性等方面的特征，它对个人或是对公司的发展都非常重要。请您回想一下在最近的一段工作时间内，最能够体现您工作责任心方面的一个事例。

- 这件事例的发生背景是什么？
- 当时遇到的最大困难是什么，整件事情的过程怎么样？
- 最后您采取了哪些有效行动？事件最后的结果如何？

4. 诚信主要是指一个人诚实、守信用程度，体现在工作中是否能够遵守商业伦理，是否能够做到自律和正直等方面。请您回想一下在最近的一段工作时间内，最能够体现您诚信方面的一个事例。

- 这件事例的发生背景是什么？
- 当时遇到的最大困难是什么，整件事情的过程怎么样？
- 最后您采取了哪些有效行动？事件最后的结果如何？

5. 问题解决能力主要是指一个人识别、分析问题以及采取相应策略等方面的能力。请您回想一下在最近的一段工作时间内，您在问题解决方面做得特别成功的一个事例。

- 这件事例的发生背景是什么？
- 当时遇到的最大困难是什么，整件事情的过程怎么样？
- 最后您采取了哪些有效行动？事件最后的结果如何？

6. 判断决策能力主要是指根据形势要求，确定总体的业务发展方向；对重要问题进行有效的分析，把握时机及时决断，制定出可行的实施方案，有效控制和降低不确定性和风险性的能力。请您回想一下在最近的一段工作时间内，最能够体现您决策判断能力的一个事例。

- 这件事例的发生背景是什么？
- 当时遇到的最大困难是什么，整件事情的过程怎么样？
- 最后您采取了哪些有效行动？事件最后的结果如何？

附录二：情景判断测验问卷（部分）

本部分测验由 22 个工作中可能会遇到的情景组成，每个情景下面包含 A、B、C、D 四个行为选项。请您仔细阅读每一道题目，并根据您以往的实际工作情况，从 A、B、C、D 四个行为选项中选出一个您最有可能采取的选项和一个您最不可能采取的选项。并在相应的字母上打“√”。

1. 部门领导要求您承担一项重要任务，虽然该项任务很有意义，但是您以前缺乏承担类似任务的经验，因此信心不足。您担心万一这项任务没有很好完成，会给公司和个人的发展带来不利影响。在这种情况下，您会如何处理?

A. 接受任务挑战，根据任务要求安排成员，制定详细计划，尽力完成任务。

B. 向领导说明该任务的困难，尽量获取领导的帮助和支持以完成任务。

C. 要求部门领导委派其他经验丰富的人员一起协助您完成该项任务。

D. 说明您的担忧，要求部门领导派其他经验更丰富的人负责，自己协助参与。

您最有可能采取的选项是：A B C D

您最不可能采取的选项是：A B C D

2. 由于公司办公系统升级，部门有很多数据要在新系统重新输入，部门领导让您负责和其他两位同事一起晚上加班完成这项工作。由于时间紧工作乏味，其他两位同事很快就有抱怨情绪，完成了部分工作后就不愿再做离开了公司。在这种情况下，您会如何处理?

A. 完成原来安排的自己部分的工作，剩下的工作让他们第二天上班再完成。

B. 完成自己的工作后对他们留下的数据进行输入，完成部门领导交代的任务。

D. 尽快完成自己部分的工作，如果时间允许，帮他们输入部分的数据。

C. 打电话向部门领导反映，让他再作安排，并尽快完成自己部分的工作。

您最有可能采取的选项是：A B C D

您最不可能采取的选项是：A B C D

3. 假如您是某部门主管，您的一位下属在工作中出了差错，虽然差错很快就得到了纠正，但是根据公司规定要进行一定的处罚。该下属认为差错已纠正而且也未给公司造成大的损失，再加上自己一向兢兢业业，因此，来向您要求不进行处理。在这种情况下，您会如何处理？

A. 向他说明公司规定的严肃性，根据规定对该下属进行处罚。

B. 耐心倾听他的意见并进行引导，让他能够接受公司的处罚。

C. 肯定他一贯的行为表现，同时向他说明公司规定的严肃性。

D. 按规定对该下属进行处罚，但私下表示对他的关心和安慰。

您最有可能采取的选项是：A B C D

您最不可能采取的选项是：A B C D

附录三：行为式判断测验（部分）

本部分测验由 22 个工作中可能会遇到的情景组成，每个情景下面包含 A、B、C、D 四个行为选项。请您仔细阅读每一道题目，并根据您以往的实际工作情况，从 A、B、C、D 四个行为选项中选出一个您最有可能采取的选项和一个您最不可能采取的选项。并在相应的字母上打“√”。

1. 领导要求您承担一项您以前没有经验的重要任务，而您担心万一完不成任务会给自己及公司发展带来影响时，您会怎么做？

A. 接受任务挑战，根据任务要求安排成员，制定详细计划，尽力完成任务。

B. 向领导说明该任务的困难，尽量获取领导的帮助和支持以完成任务。

C. 要求领导委派其他经验丰富的人员一起协助您完成该项任务。

D. 说明您的担忧，要求领导派其他经验更丰富的人负责，自己协助参与。

您最有可能采取的选项是：A B C D

您最不可能采取的选项是：A B C D

2. 如果由于您的同事不负责任的离开，导致上级安排的一项由你们共同参与的任务无法及时完成时，您会怎么做?

A. 完成原来安排的自己部分工作，同事留下的让他们自己完成。

B. 完成自己的工作后对他们的工作进行弥补，完成领导安排的任务。

C. 尽快完成自己部分的工作，如果时间允许，对同事的任务进行一些帮助。

D. 打电话向上级反映，让他再作安排，并尽快完成自己部分的工作。

您最有可能采取的选项是：A B C D

您最不可能采取的选项是：A B C D

3. 按公司规定对出现工作差错的员工要进行处罚，您一位平时表现一贯不错的下属工作出了差错，并来向您要求免予处罚时，您会怎么做?

A. 向他说明公司规定的严肃性，根据规定对该下属进行处罚。

B. 耐心倾听他的意见并进行引导，让他能够接受公司的处罚。

C. 肯定他一贯的行为表现，同时向他说明公司规定的严肃性。

D. 按规定对该下属进行处罚，但私下表示对他的关心和安慰。

您最有可能采取的选项是：A B C D

您最不可能采取的选项是：A B C D

4. 您一位同事经常制造人际矛盾，工作不合作，您的上司也对他没有办法时，您会怎么做?

A. 继续向上司反映情况，要求对他的行为进行处理。

B. 主动找他沟通，向他指出问题所在，表示您的看法。

C. 调整对他的看法，以后尽量帮他改进工作态度和作风。

D. 在工作中尽量减少与他的合作，避免发生冲突。

您最有可能采取的选项是：A　B　C　D

您最不可能采取的选项是：A　B　C　D

5. 您在与以前跟你们部门有矛盾的兄弟部门进行任务合作过程中，您会怎么做？

A. 主动与兄弟部门人员沟通，尽力去改善与他们之间的关系。

B. 对任务内容进行分解，明确各自分工，然后告诉他们该做什么。

C. 让部门领导去与兄弟部门沟通，让他们尽力配合工作任务。

D. 求同存异，从工作任务出发，尽量与兄弟部门人员沟通。

您最有可能采取的选项是：A　B　C　D

您最不可能采取的选项是：A　B　C　D

6. 上司对您自认为有效的工作改进方案提出异议时，您会怎么做？

A. 耐心听取上司意见，然后再向上司请教修改意见。

B. 对上司的意见进行分析，修改方案后再与上司沟通。

C. 暂时放弃该方案的实施，等上司意识到问题后再提出。

D. 另外找一个恰当的时机，继续向上司游说该方案。

您最有可能采取的选项是：A　B　C　D

您最不可能采取的选项是：A　B　C　D

附录四：胜任能力自评量表

下面是一些工作行为的陈述，请您根据实际工作情况，对下面有关的描述作出评价，并在相应的数字上打“√”。其中 1 表示“完全不同意”，4 为“不能确定”，7 表示“完全同意”。

1	2	3	4	5	6	7
完全不同意	较不同意	不太同意	不能确定	有点同意	比较同意	完全同意

1. 总是主动承担责任，改进工作。……………………………………1　2　3　4　5　6　7

2. 总是做事可靠、对工作严格要求。…………………………………1　2　3　4　5　6　7

3. 喜欢尽自己最大的努力完成工作。……………………………………1 2 3 4 5 6 7
4. 总是能做到诚实自律、信守承诺。……………………………………1 2 3 4 5 6 7
5. 对工作、公司有很强的责任感。………………………………………1 2 3 4 5 6 7
6. 能很好的与部门同事保持有效的工作关系。…………………………1 2 3 4 5 6 7
7. 工作中能与同事、上司友好相处、共同协作。………………………1 2 3 4 5 6 7
8. 对人际关系敏感，能很好的处理人际关系。…………………………1 2 3 4 5 6 7
9. 有很强的客户服务意识，对客户的需求敏感。………………………1 2 3 4 5 6 7
10. 总是能有效地与客户进行沟通，解决客户的问题。…………………1 2 3 4 5 6 7
11. 总能很好地站在客户角度思考问题，真诚对待客户。………………1 2 3 4 5 6 7
12. 能很好地识别工作相关的问题、提出改进的方法。…………………1 2 3 4 5 6 7
13. 能系统地分析问题、发现解决问题的一些限制条件。………………1 2 3 4 5 6 7
14. 对一些严重的、困难的问题能提出创造性的解决方案。……………1 2 3 4 5 6 7

附录五：情景判断测验效度知觉量表

在完成情景测验后，请根据您对这一部分测验的看法，对下面的描述作出评价，并在相应的数字上打“√”。其中 1 表示“完全不同意”，4 为“不能确定”，7 表示“完全同意”。

1	2	3	4	5	6	7
完全不同意	较不同意	不太同意	不能确定	有点同意	比较同意	完全同意

1. 我觉得该测验与工作所需的个人素质有着密切的联系。……………1 2 3 4 5 6 7
2. 我觉得该测验的实际内容与工作任务之间是相关联的。……………1 2 3 4 5 6 7
3. 我确信该测验能很好的预测考生在工作中的行为表现。……………1 2 3 4 5 6 7
4. 我觉得根据该测验的结果，能够较好的评价考生能力。……………1 2 3 4 5 6 7
5. 我觉得考生如果测验成绩差，说明他工作中也不会好。……………1 2 3 4 5 6 7
6. 我觉得在工作中用这种测验选拔人员会是比较公平的。……………1 2 3 4 5 6 7
7. 我能很好理解该测验与工作任务之间存在的关系。…………………1 2 3 4 5 6 7
8. 我觉得用这种测验可以减少个人偏好给选拔带来的影响。…………1 2 3 4 5 6 7
9. 我觉得用这种测验能较好的筛选考生，给他们公平机会。…………1 2 3 4 5 6 7

附录六：情景判断测验评价过程比较材料

1. 在评价和判断过程中：

A. 以往工作经验对我有重要影响。

B. 相关管理知识对我有重要影响。

C. 以自己的个性价值观为基础。

2. 在对情景试题作出评价和判断过程中，我主要：

A. 以搜索以往工作中遇到类似情景时的处理方式作为依据。

B. 根据自己以往工作中一贯的行为表现和类似反应为依据。

C. 是先根据情景提出假设，再从选项中找符合假设的回答。

附录七：工作绩效量表

请根据您的实际工作情况，对下面有关您工作情况的描述作出评价，并在相应的数字上打“√”。其中1表示“完全不同意”，4为“不能确定”，7表示“完全同意”。

1	2	3	4	5	6	7
完全不同意	较不同意	不太同意	不能确定	有点同意	比较同意	完全同意

1. 我总是能准确的实现自己的工作目标。……………………………1 2 3 4 5 6 7
2. 在工作中，我能够有效利用各种资源。……………………………1 2 3 4 5 6 7
3. 工作中我在利用时间方面的效率很高。……………………………1 2 3 4 5 6 7
4. 我总是能够有效地协调各方面的工作。……………………………1 2 3 4 5 6 7
5. 我总是能有效地执行部门的各项决策。……………………………1 2 3 4 5 6 7
6. 我总是能准确地完成上级交代的任务。……………………………1 2 3 4 5 6 7
7. 我总是能够很好地处理各项工作业务。……………………………1 2 3 4 5 6 7
8. 我总是尽可能地去帮助同事及其他人。……………………………1 2 3 4 5 6 7

9. 我与部门中其他同事保持着良好关系。……………………………1 2 3 4 5 6 7
10. 工作中我总是充分尊重部门每位同事。…………………………1 2 3 4 5 6 7
11. 我对维持良好的工作氛围有很多贡献。…………………………1 2 3 4 5 6 7
12. 我会对自己的工作进行改进促其发展。…………………………1 2 3 4 5 6 7
13. 我对公司各项工作都有强烈的责任感。…………………………1 2 3 4 5 6 7
14. 我总是全身心地投入工作以确保任务完成。……………………1 2 3 4 5 6 7
15. 对于每项工作任务，我都投入很大的努力。……………………1 2 3 4 5 6 7
16. 工作中我总是能做到严格自律、信守承诺。……………………1 2 3 4 5 6 7
17. 我能够严格遵守法律法规和公司规章制度。……………………1 2 3 4 5 6 7
18. 在工作中我保持着很强的组织性和纪律性。……………………1 2 3 4 5 6 7
19. 我总是能够有效的处理工作中的紧急情况。……………………1 2 3 4 5 6 7
20. 工作中我总是能有效胜任高压力工作状态。……………………1 2 3 4 5 6 7
21. 工作中我总能创造性地解决复杂新异问题。……………………1 2 3 4 5 6 7
22. 对不确定的问题时，我总能采取有效行动。……………………1 2 3 4 5 6 7
23. 我能不断更新知识、技术以适应工作需要。……………………1 2 3 4 5 6 7
24. 我总能以开放、灵活的态度适应人际氛围。……………………1 2 3 4 5 6 7
25. 我总能很好地适应不同的工作氛围和规范。……………………1 2 3 4 5 6 7

致　谢

我的硕博研究生学习生涯有幸得到了浙江大学人文资深教授王重鸣先生的指导和教诲。读书期间正值导师主持中组部党政领导干部考试测评中心的课题，其中有一部分涉及情景模拟评价，从此，我便与情景模拟评价结缘并选择了胜任特征的情景判断测验作为我博士论文研究的选题。毕业后，又陆陆续续从事人事选拔与评价的教学、研究和社会服务工作，从中体会到人事选拔与评价工作在经济社会发展中的重要意义，也鉴于此，促成我考虑整理博士论文研究内容并结合后续研究形成此书。

本书是对以往一些研究成果的总结，从理论和实践两个部分对管理胜任能力理论及情景判断测量进行了论述。此书的相关研究课题得到了浙江省哲学社会科学基金项目（批准号：18MYZX10YB）资助，特此感谢！本书的出版得到了很多同事、朋友的帮助，我要衷心感谢在工作中给予我帮助和支持的老师、同事、朋友和学生们。感谢我的博士生导师、浙江大学人文社科资深教授王重鸣先生，是王老师的谆谆教诲和关怀指导，引领我走上了学术研究的道路；感谢浙江工商大学的同事们，是他们营造了良好的工作和学习氛围，也为我的研究提出了很多宝贵建议；感谢我的学生叶燕华、王洁菡、楼馨、陶嘉诚、姜韫玥等，他们参与了课题研究并参与了资料收集和部分写作工作，为本书出版做出了贡献；也要感谢浙江工商大学出版社团队，他们为编辑和出版本书付出了辛勤的汗水。还要特别感谢父母、妻子对我的支持和理解，感谢可爱的女儿女足小队长金语粲给我带来的无尽乐趣。

金杨华

2019年3月20日